IMPOT

SUR LES

VOITURES ET CHEVAUX

(LOI DU 2 JUILLET 1862).

QUESTIONS RÉSOLUES

PAR

CHAUVEAU ADOLPHE

Ancien avocat au Conseil d'Etat et à la Cour de cassation, professeur de droit
administratif, auteur des *Principes de Compétence et de Juridiction
administratives*, du *Code d'Instruction administrative*, rédacteur
du *Journal du droit administratif*, etc., membre de la
Légion-d'Honneur,

AVEC UN

Formulaire de demande en décharge ou réduction devant les Conseils
de préfecture et de recours devant le Conseil d'Etat.

Prix, 1 fr. 50 cent.

A PARIS

CHEZ M. JULIEN LEMER, LIBRAIRE,

A LA LIBRAIRIE CENTRALE, BOULEVART DES ITALIENS, 24.

A TOULOUSE

Au bureau du *Journal du Droit administratif*,

CHEZ M. ARMAING, LIBRAIRE,

Rue Saint-Rome, 44.

1863.

IMPOT

SUR

LES VOITURES ET CHEVAUX

OUVRAGES DE M. CHAUVEAU ADOLPHE.

II. Principes de compétence et de Juridiction administratives, 3 vol. in-8° (très rare).

III. Code d'Instruction administrative, ou Lois de la procédure administrative, contenant, dans l'ordre du Code de procédure civile, les règles de l'instruction devant les tribunaux administratifs, etc. 2 vol. in-8°, 2° édition (1862).   13 francs.

IV. Essai sur le régime des eaux navigables et non navigables, sous le double point de vue pratique et théorique, 1 vol. in 8°.   4 francs.

V. Lois de la procédure civile et administrative, 4° édition, 9 tomes en 11 vol. in-8° (*y compris le supplément et la table générale*).   88 francs.

VI. De l'Ordre, Commentaire de la loi du 21 mai 1858, en ce qui concerne la Procédure d'ordre, 2 vol. in-8°.   12 francs.

VII. Formulaire général et complet, ou **Traité pratique de procédure civile et commerciale,** annoté de toutes les opinions émises dans les *Lois de la Procédure civile* et dans le *Journal des Avoués;* par MM. CHAUVEAU ADOLPHE et GLANDAZ, président de la Chambre des avoués de Paris, 3° édition, modifiée conformément à la loi du 21 mai 1858, sur la *Saisie immobilière* et sur l'*Ordre,* 2 forts vol. in-8°.   18 francs.

VIII. Commentaire du tarif en matière civile, dans l'ordre des articles du Code de procédure civile, etc., 2 vol. in-8°. *Très rare.*

IX. Code pénal progressif. Commentaire de la loi modificative du Code pénal (1832). 1 vol. in-8°.   7 francs.

X. Théorie du Code pénal, par MM. CHAUVEAU ADOLPHE et FAUSTIN HÉLIE, Conseiller à la Cour de cassation. 4° édition, revue et mise en rapport avec la législation et la jurisprudence. 6 vol. in-8° (1862),   50 francs.

IMPOT

SUR LES

VOITURES ET CHEVAUX

(LOI DU 2 JUILLET 1862),

QUESTIONS RÉSOLUES

PAR

CHAUVEAU ADOLPHE

Ancien avocat au Conseil d'Etat et à la Cour de cassation, professeur de droit
administratif, auteur des *Principes de Compétence et de Juridiction
administratives*, du *Code d'Instruction administrative*, rédacteur
du *Journal du droit administratif*, etc., membre de la
Légion-d'Honneur,

AVEC UN

Formulaire de demandes en décharge ou réduction devant les Conseils
de préfecture et de recours devant le Conseil d'Etat.

———

A PARIS

CHEZ M. JULIEN LEMER, LIBRAIRE,
A LA LIBRAIRIE CENTRALE, BOULEVART DES ITALIENS, 24.

A TOULOUSE

Au bureau du *Journal du Droit administratif*,
CHEZ M. ARMAING, LIBRAIRE,
Rue Saint-Rome, 44.

———

1863.

JOURNAL
DU DROIT ADMINISTRATIF
OU LE DROIT ADMINISTRATIF
Mis à la portée de tout le monde
PAR CHAUVEAU ADOLPHE.

Le rédacteur répond avec exactitude aux doutes soumis par les abonnés sur des questions administratives.

Abonnem. à 1863. Prix : 10 fr. A Toulouse, r. St-Rome, 44.

« M. Chauveau Adolphe, dont l'autorité, en matière de procédure civile, est presque sans rivale, et qui a largement contribué au progrès du droit criminel par sa collaboration avec M. Faustin Hélie au grand ouvrage de la *Théorie du code pénal*, consacre depuis plusieurs années sa longue expérience et ses infatigables recherches au perfectionnement et à la vulgarisation de la science du droit administratif. Non content d'avoir publié ses *Principes de compétence et de juridiction administratives*, essai de méthode et de classification nouvelles à l'aide du résumé le plus complet et le plus exact des décisions du conseil d'Etat, son *Code d'instruction administrative*, dont la deuxième édition paraît en ce moment, il a voulu en outre mettre au service du droit administratif un recueil périodique où seraient réunis, au fur et à mesure de leur émission, tous les documents législatifs, réglementaires, doctrinaux et jurisprudentiels, qui concernent cette branche de droit.

» C'est dans ce but qu'il a fondé, en 1853, le journal que nous annonçons, publié chaque mois par cahier de 48 pages in-octavo, et où l'auteur s'efforce, par la clarté de son exposition, de rendre intelligibles pour tout le monde les notions les plus essentielles du droit administratif. Chaque cahier comprend, autant que le permet la fréquente périodicité du recueil, cinq divisions distinctes : 1° des études élémentaires de compétence administrative ; 2° une revue des décisions rendues par le conseil d'Etat et les conseils de préfectures ; 3° les réponses aux questions proposées par les abonnés ; 4° les lois, décrets, circulaires, instructions et décisions ministérielles ; 5° une revue administrative et l'examen de questions diverses. Cette classification est excellente, et se prête aisément à tous les développements que peut exiger l'abondance des matières.

» M. Chauveau, qui a très bien conçu le cadre de son journal, n'a pas été moins heureux dans l'exécution du plan qu'il s'était tracé. Ses informations, pour la partie réglementaire et statistique, sont nombreuses et exactes. Il tient constamment à jour la jurisprudence. Dans la partie doctrinale, il s'est assuré le concours de plusieurs jurisconsultes laborieux et instruits, dont les articles réunis aux siens forment un ensemble très varié et très intéressant.

» En résumé, le *Journal du Droit administratif*, nécessaire aux administrateurs, aux magistrats et aux avocats, utile à tous les citoyens, comble une lacune que regrettaient et qu'avaient depuis longtemps signalée les hommes spéciaux. Par le mérite de la méthode et de la rédaction, il est digne d'obtenir partout l'accueil le plus empressé et le plus favorable. Par la circonstance qu'il est publié en province, il a un autre titre particulier aux encouragements de tous ceux qui appellent de leurs vœux la décentralisation littéraire.

L. CABANTOUS, *doyen*,

(*Extrait du Mémorial d'Aix*).   Professeur de Droit administratif à la faculté d'Aix.»

AVERTISSEMENT.

L'intérêt d'une explication nette, simple et claire de toute loi d'impôt est incontestable.

Les lois sur les taxes spéciales donnent toujours lieu à d'assez grandes difficultés qu'il importe de prévenir ou d'éclairer par une loyale interprétation qui facilite l'exécution de ces lois.

Ce ne sont pas des dissertations purement doctrinales qui, dans ce cas, remplissent le but désiré par le propriétaire soumis à l'impôt; il préfère, avec raison, des opinions qui puissent lui servir de guide pour faire des déclarations et résister à des demandes qui ne seraient pas fondées. Quelquefois, l'administration elle-même aime à se rendre aux décisions de l'homme d'expérience qui ne lui paraît pas avoir écrit sous l'inspiration d'idées contraires à la juste perception d'un impôt légalement établi.

Pour qu'une taxe nouvelle soit acceptée par tous, il faut qu'elle soit appliquée d'une manière uniforme. Je reconnais que les Conseils de préfecture et le Conseil d'Etat pourront seuls fixer, par leurs solutions, la véritable intelligence de la loi nouvelle; cependant il n'est pas sans quelque utilité de préparer le travail des tribunaux administratifs en indiquant les raisons de décider.

Le Conseil d'Etat ne statue habituellement sur les pourvois contre les arrêtés qui lui sont déférés que dans l'année du dépôt fait à son secrétariat. Je recueillerai, avec soin, les décisions des Conseils de préfecture et du tribunal supérieur, et je publierai, en temps et lieu, un supplément qui viendra compléter mon opuscule d'aujourd'hui.

Le contribuable inexpérimenté est parfois embarrassé sur la forme qu'il doit employer pour présenter ses réclamations. J'ai pensé que ce que je lui offrais comme un *guide*, ou un *vade mecum*, ne serait complet qu'autant que j'indiquerais dans quelques *formules* la voie légale qui devrait être suivie.

CHAUVEAU ADOLPHE.

IMPOT

sur

LES VOITURES ET CHEVAUX.

Section Première.

TEXTE DE LA LOI DU 2 JUILLET 1862 [1].

Art. 4. A partir du 1er janvier 1863, il sera perçu une contribution annuelle par chaque voiture attelée et pour chaque cheval affecté au service personnel du propriétaire ou au service de sa famille.

Art. 5. Cette contribution sera établie d'après le tarif suivant :

VILLES Communes ou localités dans lesquelles le tarif est applicable.	SOMME A PAYER non compris le fonds de non-valeur par chaque		
	Voiture		Cheval de selle ou d'attelage.
	à 4 roues.	à 2 roues.	
Paris..............................	60 fr.	40 fr.	25 fr.
Les communes autres que Paris ayant plus de 40,000 âmes de population.........	50	25	20
Les communes de 20,001 âmes à 40,000 âmes............................	40	20	15
Les communes de 3,001 âmes à 20,000 âmes............................	25	10	10
Les communes de 3,000 âmes et au-dessous............................	10	5	5

Art. 6. Les voitures et les chevaux qui seront employés en partie pour le service du propriétaire ou de la famille, et en

[1] Cette loi est le budget annuel dont les trois premiers articles sont consacrés à des dispositions générales étrangères à l'impôt sur les voitures et chevaux.

partie pour le service de l'agriculture ou d'une profession quelconque donnant lieu à l'imposition d'une patente, ne seront point passibles de la taxe.

Art. 7. Ne donnent pas lieu au paiement de la taxe :

1° Les chevaux et voitures possédés en conformité des règlements du service militaire ou administratif, et par les ministres des différents cultes ;

2° Les juments et étalons exclusivement consacrés à la reproduction ;

3° Les chevaux et voitures exclusivement employés aux travaux de l'agriculture ou d'une profession quelconque donnant lieu à l'application de la patente.

Art. 8. Il sera attribué aux communes un dixième du produit de l'impôt établi par l'article 4 qui précède, déduction faite des cotes ou portions de cotes dont le dégrèvement aura été accordé.

Art. 9. La contribution établie par l'article 4 précité est due pour l'année entière en ce qui concerne les faits existants au 1er janvier.

Dans le cas où, à raison d'une résidence nouvelle, le contribuable devient passible d'une taxe supérieure à celle à laquelle il a été assujetti au 1er janvier, il ne doit qu'un droit complémentaire égal au montant de la différence.

Art. 10. Si le contribuable a plusieurs résidences, il sera, pour les chevaux et les voitures qui le suivent habituellement, imposé dans la commune où il est soumis à la contribution personnelle, conformément à l'art. 13 de la loi du 21 avril 1832, mais la contribution sera établie suivant la taxe de la commune dont la population est la plus élevée. Pour les chevaux et les voitures qui restent habituellement attachés à l'une de ces résidences, le contribuable sera imposé dans la commune de cette résidence et suivant la taxe afférente à la population de cette commune.

Art. 11. Les contribuables sont tenus de faire la déclaration des voitures et des chevaux à raison desquels ils sont imposables, et d'indiquer les différentes communes où ils ont des habitations, en désignant celles où ils ont des éléments de cotisation en permanence.

Les déclarations sont valables pour toute la durée des faits qui y ont donné lieu ; elles doivent être modifiées dans le cas de changement de résidence hors de la commune ou du ressort de la perception, et dans le cas de modifications survenues dans les bases de cotisation.

Les déclarations seront faites ou modifiées, s'il y a lieu, le 15 janvier, au plus tard, de chaque année, à la mairie de l'une des communes où les contribuables ont leur résidence.

Si les déclarations ne sont pas faites dans le délai ci-dessus, ou si elles sont inexactes ou incomplètes, il y sera suppléé d'office par le contrôleur des contributions directes, qui est chargé de rédiger, de concert avec le maire et les répartiteurs, l'état matrice destiné à servir de base à la confection du rôle.

En cas de contestation entre le contrôleur et le maire et les répartiteurs, il sera, sur le rapport du directeur des contributions directes, statué par le préfet, sauf référé au ministre des finances, si la décision était contraire à la proposition du directeur, et, dans tous les cas, sans préjudice pour le contribuable du droit de réclamer après la mise en recouvrement du rôle.

Art. 12. Les taxes seront doublées pour les voitures et les chevaux qui n'auront pas été déclarés ou qui auront été déclarés d'une manière inexacte.

Art. 13. Il est ajouté à l'impôt 5 centimes par franc pour couvrir les décharges, réduction, remises ou modérations, ainsi que les frais de l'assiette de l'impôt et ceux de la confection des rôles, qui seront établis, arrêtés, publiés et recouvrés comme en matière de contributions directes.

En cas d'insuffisance, il sera pourvu au déficit par un prélèvement sur le montant de l'impôt.

Section Deuxième.

QUESTIONS RÉSOLUES.

§ 1er. — *Réflexions préliminaires.*

A. Lorsque j'ai publié dans le tome 10 de mon *Journal du Droit administratif* la loi du 2 juillet 1862, je ne me suis pas dissimulé que le texte seul laissait beaucoup à désirer, et que son application donnerait lieu à d'assez graves difficultés.

Pour les éviter, deux moyens, *d'abord* se rendre un compte exact de l'esprit de la loi, *puis* entrer franchement dans l'application de cette loi, et ne pas chercher, par des déclarations plus ou moins dissimulées, à tromper les agents des contributions directes dont le devoir est de veiller à la sincère et complète exécution des dispositions de la loi nouvelle[1].

[1] Voici la note que j'avais jointe au texte de la loi et qui était extraite des discussions devant le Corps Législatif; je la conserve parce qu'elle présente quelque intérêt.

« On lit dans les *Moniteurs* des 26 juin 1862 (séance du Corps législatif du 25) et 28 juin (séance du 27), pages 954 et suiv., diverses interpellations qui ont été adressées par des membres de cette assemblée aux Commissaires du gouvernement, sur l'exécution de la partie du budget relatif à la taxe des chevaux et voitures. Il paraît résulter des réponses faites au nom du Gouvernement que : 1° cette taxe se percevra par *douzième* comme les contributions directes en général, et non en une seule fois en entier, comme la taxe sur les chiens ; sera exempt de la taxe, le cabriolet ou tilbury du cultivateur auquel on attelle un cheval de labour pour aller une ou deux fois par semaine aux foires, aux marchés, quoique le cultivateur s'en serve, parfois pour aller à la fête du village voisin, ou à la ville voisine, etc., ainsi que le cheval ou la voiture du notaire de campagne destinée principalement à la passation de ses actes en dehors de son étude, ou du médecin, pour les visites à faire à ses malades, parce que le notaire et le médecin paient patente; mais que ne seront pas exemptées les voitures de luxe même possédées par des notaires ou médecins, notamment à Paris ou dans d'autres grandes villes ; 3° que les juments ou étalons qui servent en certains pays de bêtes de selle, ou sont attelés à des voitures, ne seront pas exemptés, tandis qu'il en sera

B. M. le directeur général des contributions directes a envoyé aux fonctionnaires chargés de préparer les rôles une longue instruction, du 31 octobre 1862, qui est un véritable commentaire de la loi nouvelle. Toutefois, les opinions émises dans cette circulaire ne doivent pas être considérées comme des règles absolues imposées aux contribuables et aux juges administratifs. Ce sont des indications pour guider les agents des contributions directes, comme toutes les circulaires qui émanent de l'administration supérieure [1].

C. M. GALLETIER, *rédacteur du Journal des percepteurs*, a présenté dans son cahier de janvier, des observations fort judicieuses sur chacun des articles de la loi nouvelle.

autrement des juments et des étalons servant aussi aux travaux de l'agriculture; 4° les voitures et les chevaux employés habituellement à la profession d'un patenté ne paieront pas la taxe, quoiqu'ils puissent accidentellement être employés à des courses de pur agrément, comme pour les cultivateurs; 5° les chevaux de courses ne sont compris dans aucune exception; qu'ils ne seront exemptés qu'autant qu'ils devront exclusivement servir à la reproduction; l'art. 7 peut être une redondance, un *à fortiori*, mais n'apporte aucune modification aux termes formels de l'art. 6 expliqué *lato sensu*, par MM. les Commissaires du gouvernement; 7° l'âge auquel le cheval cesse d'être poulain ne peut être déterminé; ce que la loi impose, ce n'est pas à proprement parler, le cheval, mais l'usage qui en est fait; la taxe sera donc applicable au cheval employé au service personnel du propriétaire ou de sa famille, mais le poulain qui ne fera pas un service régulier, qui ne sera employé qu'accidentellement pour être dressé, ne sera pas imposé, parce qu'il ne s'agira là que de son éducation.

» Un de messieurs les commissaires du Gouvernement a fait observer que ces questions de fait et de principe se résoudront facilement et de bonne foi, comme doivent l'être les questions de cette nature.

» Un membre du Corps législatif s'était fondé, pour repousser la loi, sur ce que le propriétaire réclamant ne pourrait se faire rendre justice qu'en exposant des frais considérables. C'était une erreur, à laquelle un de MM. les commissaires du Gouvernement a répondu, avec beaucoup de raison, qu'en matière de contributions directes, et des taxes qui y sont assimilées, les contribuables peuvent parcourir les divers degrés de juridiction, *Conseil de préfecture* et *Conseil d'État*, sans employer un mandataire, ou un avocat; par conséquent, sans autres frais que le papier timbré sur lequel ils écrivent leurs demandes. »

[1] Dans cette instruction (n°° 27 à 38), on est frappé des recommandations nombreuses faites à Messieurs les fonctionnaires chargés de la confection des rôles pour arriver à la plus saine, la plus claire et la plus loyale exécution de la loi du 2 juillet 1862. Je puis affirmer qu'elle n'est pas rédigée dans un esprit de fiscalité, car je me suis cru obligé de combattre quelques opinions qui me paraissaient élargir le cercle des exemptions.

D. M. C. Deshaires, *chef de division à la préfecture de Montauban*, vient de faire paraître un travail sur le même sujet. J'ai remarqué dans la préface une appréciation assez sévère de la loi du 2 juillet 1862 : « En prenant connais-
» sance du texte de cette loi, dit l'auteur, on ne peut s'em-
» pêcher de reconnaître que chaque ligne et même chaque
» mot peuvent donner lieu à des difficultés, à des équivo-
» ques, et que l'agent de l'administration, aussi bien que le
» contribuable éprouveront nécessairement chacun, en ce
» qui le concerne, des embarras sérieux. »

E. Les journaux ont publié un article sous ce titre : *Réponses aux questions soumises à l'administration au sujet de l'exécution de la loi du 2 juillet 1862.*

F. J'ai examiné avec la plus sérieuse attention ces documents divers et je vais résoudre chacune des questions soulevées par l'administration et la doctrine. Les décisions des Conseils de préfecture et les arrêts du conseil d'État pourront seuls fixer le véritable sens de la loi nouvelle.

G. On répète vainement, sous toutes les formes, que ce n'est pas un impôt somptuaire, de luxe, etc. ; son véritable caractère ressort des exemptions qui concernent l'usage nécessaire de l'agriculteur, de l'industriel, du patentable. Les voitures et chevaux ne sont, en définitive, imposés qu'autant que celui qui les possède pourrait s'en passer, comme d'un superflu, en employant les chemins de fer, les diligences, ou les voitures de places. La voiture et le cheval sont alors assimilés aux objets mobiliers ordinaires, ne disons pas, si l'on veut, de luxe, mais indiquant une position plus aisée, ainsi qu'un loyer plus élevé, des ouvertures de maison plus nombreuses, etc.

Quoique la controverse sur le caractère de la loi, sous le point de vue économique, soit parfaitement inutile, quand une loi est votée, néanmoins la nature d'une loi peut avoir une certaine utilité pour apprécier les cas dans lesquels les exceptions à la règle générale devront recevoir leur application. Ainsi, pour la taxe des chiens, le chien de garde, le chien nécessaire n'est pas taxé comme le chien de luxe. Le même principe a été appliqué aux voitures et chevaux.

H. Il ne faut pas perdre de vue que, aux termes de l'art. 11 de la loi, l'état matrice destiné à servir de base à la confection du rôle, doit être rédigé par le contrôleur des contributions directes avec le maire et les répartiteurs, que le maire et les répartiteurs ont le droit de consigner leur opinion sur le procès-verbal et que, s'il y a unanimité de la part des répartiteurs habitants ayant charge spéciale, du maire et du contrôleur, il serait difficile de soutenir, avec quelque espoir de succès, que l'exception présentée est réellement fondée. — Voy. le mot *instruction, infrà*, p. 28.

K. Les principes et les règles m'ont toujours paru préférables à des appréciations variables, voilà pourquoi je me suis efforcé, dans les observations qu'on va lire, à poser des jalons auxquels pussent se rattacher le contribuable réclamant et le juge administratif. Peut-être serai-je critiqué vivement par le propriétaire ou le patentable et par l'administration, parce qu'en certains cas on trouvera mes appréciations trop sévères ou trop indulgentes, mais mon esprit répugne à abandonner à une espèce de pouvoir discrétionnaire l'application des lois en général, et en particulier des lois d'impôt. Si je me suis trompé, on devra me tenir compte de l'intention.

Pour être plus clair, j'ai suivi l'ordre alphabétique sans me livrer à de longs développements sur les questions dont la solution m'a paru évidente.

II. *Questions.*

Administrateurs. — Voy. *Service administratif.*

N° 1. — **Age.** — Quel est l'âge auquel les chevaux peuvent être imposés ?

Aucun impôt ne peut frapper le poulain. Tant que le propriétaire ne monte un jeune cheval que pour le dresser, ou ne le fait monter que pour le faire dresser, ce cheval n'est pas imposable. Le propriétaire qui, prématurément, emploierait à la selle ou à la voiture, un cheval trop jeune serait imposé légalement. — Voy. MM. GALLETIER, p. 8, n°s 2 et 4. DESHAIRES, p. 17 ;

Voy. *Etalons.*

Agrément. — Voy. *Profession ; Service personnel.*

N° 2. — **Agriculture.** — Qu'entend-on par voiture et cheval employés en partie pour le service de l'agriculture ?

Les voitures et chevaux qui, en réalité, sont affectés aux besoins agricoles, ceux qui, aux termes des art. 522 et 524 du Code Napoléon, sont immeubles par destination.

Il faut que la culture du contribuable ait *besoin* de la voiture et du cheval pour que l'impôt ne puisse pas être perçu.

Ce privilége d'exemption ne serait pas admissible si la voiture et le cheval ne servaient qu'accidentellement, pour ainsi dire dans un cas exceptionnel, à l'agriculture.

L'expression *en partie* ne veut pas dire d'une manière égale, mais elle exprime bien que ce n'est pas un accident que la loi a voulu prévoir. Ainsi, dans beaucoup de communes, il arrive fréquemment que les chevaux attelés habituellement pour le service du maître font l'hiver des charrois de terre, de déblais, qui peuvent servir à la bonification des terres, mais ce fait isolé ne suffit pas pour que ces chevaux puissent être considérés comme servant *en partie* à l'agriculture, *en partie* au propriétaire. Ils seront donc imposables[1].

Voy. *Mules; Service personnel.*

Allégation. — Voy. *Fraude.*

Alternative. — Voy. *Déclarations.*

N° 3. — Ambassadeurs. — Il est évident, comme l'a pensé l'administration, que les *ambassadeurs, chargés d'affaires, consuls et autres représentants des puissances étrangères*, ne sont pas imposables pour leurs chevaux et voitures, à moins qu'ils ne soient des citoyens nés ou naturalisés Français, étant censés toujours résider sur la terre nationale. Les représentants des puissances étrangères ne sont pas, non plus, soumis à la contribution personnelle et mobilière.

Anes. — Voy. *Mules; Service personnel.*

N° 4. — Annualité de l'impôt. — Il eût été logique

[1] Voici la question et la réponse de l'administration sur ces positions spéciales :

4e *Question.* — Dans quel cas y a-t-il lieu d'imposer ou d'exempter les voitures et les chevaux qui sont affectés au service personnel et à l'agriculture ?

Réponse. — Les voitures et les chevaux qui sont employés, même en partie, pour le service de l'agriculture, ne sont point imposables ; mais l'imposition devrait avoir lieu si l'affectation au service agricole n'était qu'un fait accidentel, attendu qu'on ne doit tenir compte des faits de l'espèce ni pour l'imposition ni pour l'exemption.

Il arrive fréquemment que l'affectation des chevaux à l'agriculture est habituelle, et que celle des voitures au même service n'est qu'accidentelle. Dans ce cas, les chevaux ne sont point imposables ; les voitures le sont, mais seulement pour la taxe que leur attribue le tarif. — La distinction du fait habituel ou accidentel est une question dont la solution dépend des circonstances et des localités, et dont l'appréciation appartient aux agents des contributions directes, sauf réclamation ultérieure de la part des intéressés. Cette solution s'applique aussi aux patentés qui se servent de leurs voitures et de leurs chevaux pour l'exercice de leur profession et pour leur agrément.

que, comme pour les chiens, l'impôt fût uniquement perçu sur l'état des voitures et chevaux au 1er janvier de chaque année, ou que, comme pour les patentes, on tint compte des événements postérieurs en faveur du propriétaire, ou contre lui.

Le principe appliqué à la taxe sur les chiens a été consacré par la loi du 2 juillet 1862, en ce qui concerne le fait principal, l'inscription au rôle du propriétaire passible de l'impôt (art. 9, § 1). — Ainsi, nul doute que si un propriétaire achète une voiture et un cheval le 2 janvier et la vend le 31 décembre, il ne paiera pas d'impôt. Le fait donnant lieu à la contribution n'existe pas, dans ce cas, au 1er janvier. D'un autre côté, le propriétaire dont la voiture serait brisée, et les chevaux seraient morts du 2 janvier au 31 décembre, ne pourrait obtenir aucun dégrèvement. (*Conf.* MM. DESHAIRES, p. 33, et GALLETIER, p. 11).

Mais il a été introduit dans la loi un paragraphe qui contrarie le principe du § 1er et qui soumet le contribuable qui, à raison d'une résidence nouvelle, deviendrait passible d'une taxe supérieure à celle à laquelle il aurait été assujetti, à payer un droit complémentaire égal au montant de la différence. — Voy. ce que j'ai dit au mot *Déclarations*.

M. GALLETIER, p. 11, fait observer, avec raison, que le droit complémentaire doit être réglé à partir du 1er du mois dans lequel s'est effectué le changement, en appliquant, par analogie, ce qui se pratique en matière de patentes.

Voy. *Fraude*.

Besoins de l'agriculture. — Voy. *Agriculture.*

Bestiaux. — Voy. *Service personnel.*

Bêtes de somme. — Voy. *Mules ; Voitures attelées.*

Bonne foi. — Voy. *Déclarations.*

Boucher. — Voy. *Service personnel.*

Cardinal. — Voy. *Ministres des cultes.*

Carioles. — Voy. *Voitures.*

Catégorie. — Voy. *Annualité de l'impôt.*

N° 5. — Centimes additionnels. — L'emploi des cinq centimes par franc qui est destiné (d'après l'art. 13) à couvrir les décharges, réductions, remises ou modérations, ainsi que les frais de l'assiette de l'impôt, et ceux de la confection des rôles, est le seul qui puisse être ajouté à la contribution due par le propriétaire.

J'ai lu dans un journal que l'administration userait, sans doute largement, de son droit de *remise ou modération*, pour alléger la charge du contribuable.

Sans vouloir entrer dans la question de savoir si ou non l'impôt sur les chevaux et voitures est un impôt somptuaire, je doute qu'on puisse fréquemment diminuer, par la voie gracieuse, une contribution légitimement due, en faveur de celui qui peut très bien se débarrasser de cette charge nouvelle, en vendant des objets qui ne sont pas de première nécessité.

Chanoines. — Voy. *Ministre des cultes.*

Chanteurs dans les rues. — Voy. *Profession.*

Chargé d'affaires. — Voy. *Ambassadeur.*

Charrettes. — Voy. *Voitures.*

Chevaux. — Voy. *Age ; Agriculture ; Étalons ; Louage ; Mines ; Service administratif ; Service personnel ; Voiture attelée.*

N° 6. — Chevaux de course. — M. Deshaires, p. 17, fait observer avec raison que, comme l'a dit M. le commissaire du gouvernement, les chevaux de course ne rentreraient dans l'exception que comme étalons exclusivement réservés à la reproduction.

Clientèle. — Voy. *Médecin; Notaire; Huissier.*

Code d'instruction administrative. — Voy. *Compétence.*

Nº 7. — Colon partiaire. — Le propriétaire qui fait cultiver ses domaines par un colon partiaire, doit-il être considéré comme cultivateur lui-même, en raison de la vente des produits qui lui reviennent du colonage ou de l'entretien des bestiaux et instruments d'exploitation ?

L'administration a répondu affirmativement, en disant qu'il avait droit à l'exemption dans les mêmes conditions que le cultivateur ordinaire. Je n'ai à faire aucune objection contre cette solution.

Communes. — Voy. *Dixième; Résidence; Rôles.*

Nº 8. — Compétence. — Toutes les questions de contributions directes sont de la compétence du conseil de préfecture en premier ressort, sauf recours devant le conseil d'Etat. — Voy. *Instruction* et mon *Code d'instruction administrative*, titre des *contributions directes.*

Complément de taxe. — Voy. *Résidence.*

Conditions. — Voy. *Déclarations.*

Confection du rôle. — Voy. *Déclarations.*

Conseil de préfecture. — Voy. *Compétence; Instruction.*

Conseil d'Etat. — Voy. *Compétence; Instruction.*

Consuls — Voy. *Ambassadeur.*

Contributions directes. — Voy. *Compétence.*

Contrôleur des contrib. directes. — Voy. *Déclarations; Rôles.*

Nº 9. — Corporations religieuses. — L'administration pense, avec raison, que l'exemption n'est pas admise en faveur des membres d'une corporation religieuse qui n'ont pas le caractère de ministres d'un culte. Il en serait autrement de tout membre d'une corporation religieuse qui serait en même temps ministre du culte.

Courses. — Voy. *Chevaux de course; Médecin; Notaire; Huissier.*

Culte. — Voy. *Corporations religieuses; Ministres du culte.*

Cultivateur. — Voy. *Colon partiaire.*

Décharge (demande en). — Voy. *Instruction.*

N° 10. — Déclarations. — I. *Observations générales.* — On sait que la loi sur la taxe des chiens rend le propriétaire entièrement responsable de la nature de sa déclaration, ou de l'absence de toute déclaration; en est-il ainsi pour l'impôt sur les voitures et les chevaux?

La négative semblerait résulter de l'art. 11 qui organise une espèce d'instruction administrative, préliminaire, à l'inscription sur le rôle, dont je vais parler; mais l'art. 12 détruit cette présomption, en disant que les taxes seront doublées pour les voitures et les chevaux qui n'auront pas été déclarées, ou qui auront été déclarées d'une manière inexacte.

Pour la taxe des chiens, on n'admet pas la bonne foi; la déclaration, ou le défaut de déclaration sont toujours aux risques et périls du propriétaire. Cela me paraît contraire à toutes les règles d'équité, pour l'application d'une loi dont le sens est si difficile à saisir.

J'admettrais que l'article 12 ne devrait pas être appliqué au propriétaire qui aurait fait une déclaration ainsi conçue :

« *Je possède   voitures... et   chevaux... je réside à   mon domicile est à   ma position est*

J'ignore complétement si je dois payer un droit quelconque, ou quelle est la nature du droit qui doit être perçu. »

On ne pourrait pas objecter à ce propriétaire qu'il n'a pas fait de déclaration.

On pourrait lui opposer l'art. 12, s'il possédait plus de chevaux qu'il n'en aurait déclarés, s'il ne résidait pas et ne demeurait pas aux endroits indiqués, s'il ne faisait jamais de ses chevaux et des voitures l'emploi qu'il aurait indiqué, etc. Mais quand un propriétaire viendra dire :

Ma voiture et mes chevaux sont à la campagne ; je m'en sers pour venir à la ville où j'ai une remise et où mes chevaux passent quelquefois la nuit. Dois-je payer à la ville ou à la campagne ?

Ou bien : *Suis-je soumis à la taxe, quoique je me serve tant de fois dans l'année, pour le besoin de l'agriculture, de ma voiture et de mes chevaux ?*

Ou bien : *J'ai une voiture et pas de chevaux, quelles sont mes obligations ?* etc., etc., etc.

Quand enfin le propriétaire se contentera d'indiquer des faits exacts en soi, mais dont il évitera d'indiquer les conséquences, je pense qu'il y aura plus qu'une question de bonne foi, qu'il y aura une *déclaration faite d'une manière exacte*, que, quelles que soient les appréciations de l'administration, il ne pourra jamais supporter de doubles taxes.

J'estime également que, sans préjudice à son droit de réclamer *contentieusement* devant le conseil de préfecture, il aura le droit d'intervenir, par la voie gracieuse, de demander l'appréciation du préfet et du ministre des finances. — Je comprends qu'on pourra m'objecter que cette forme protectrice des §§ 4 et 5 de l'article 11 paraît ne s'appliquer qu'au cas où les déclarations n'ont pas été faites ou ont été estimées inexactes par l'administration ; mais je réponds que cet article n'a pas prévu le cas où le propriétaire ferait des déclarations interrogatives, et où par conséquent, il serait de son intérêt d'empêcher une inscription illégale sur le rôle de la part des agents locaux. J'ajoute que si ce droit n'était pas implicitement reconnu par le législateur, le *sans préjudice* final de l'art. 11 serait un non sens, parce qu'il eût été ridicule de supposer qu'une instruction préliminaire faite en dehors du propriétaire pût jamais lui être opposée. C'est précisément parce qu'il pourra présenter des objections écrites au préfet et au ministre, qu'on s'est empressé de déclarer que ces observations ne l'empêcheront pas de porter, après la mise en recouvrement du rôle, ses demandes en décharge ou réduction devant le conseil de préfecture.

A l'appui de mon interprétation, je transcris textuellement la question posée par l'administration et sa réponse :

« 12ᵉ *Question*. — Le contrôleur peut-il, au moment de la rédaction des états-matrices, modifier les éléments de cotisation déclarés par les contribuables?

« *Réponse*. — Si les déclarations ne sont pas faites dans le délai fixé, ou si elles sont inexactes ou incomplètes, il doit, aux termes de l'article 11 de la loi, y être suppléé d'office par le contrôleur des contributions directes.

« Cet agent doit donc suppléer aux déclarations qui n'auraient pas été faites et ajouter aux déclarations inexactes ou incomplètes la matière imposable non déclarée.

» Si une déclaration comprenait des chevaux et des voitures évidemment non imposables, comme par exemple, la déclaration qu'aurait faite un ministre du culte, celle faite par un propriétaire qui aurait déclaré plusieurs voitures attelées et un seul cheval, etc., le contrôleur ne devrait point tenir compte des objets déclarés par méprise.

» Si une déclaration contenait des observations ou des réserves et n'avait été faite, pour ainsi dire, que conditionnellement, le contrôleur devrait l'examiner avec attention, résoudre les questions soulevées, dans le sens des instructions, régulariser la déclaration et n'inscrire dans l'état matrice, pour les taxes simples, que les chevaux et les voitures réellement imposables.

» Si la déclaration ne contenait ni observations ni réserves, et que son examen ne fît ressortir que des faits contestables ou douteux, comme dans le cas de voitures ou de chevaux servant à des usages mixtes ou employés seulement temporairement au service personnel du possesseur, le contrôleur ne serait pas fondé à modifier une déclaration par laquelle un propriétaire se serait lui-même considéré comme imposable [1] »

« En cas de contestation entre le contrôleur, le *maire* et » les *répartiteurs*, dit l'instruction de M. le directeur général, du 31 octobre 1862, le directeur des contributions » directes examinera attentivement les observations consignées sur les états, ainsi que les pièces et les renseignements qui pourront y avoir été annexés, pour éclaircir » les difficultés. » Ce texte prouve que le devoir des maires et des répartiteurs est de consigner par écrit leurs observations, concernant chaque déclaration, sur le procès-verbal dressé par le contrôleur.

II. *Époque de la déclaration*. — Le terme fatal est le 15 janvier, mais on peut faire sa déclaration avant le 1er janvier. Il n'est pas de l'intérêt du propriétaire d'anticiper cette déclaration, parce que des événemens postérieurs peuvent la rendre inutile.

Cette déclaration est *permanente*, c'est-à-dire que le propriétaire n'est pas obligé de la déposer chaque année.

Il n'y a qu'un cas dans lequel est nécessaire une nouvelle déclaration : c'est quand le propriétaire change de résidence hors la commune, ou le ressort de la perception dans lesquels il a été imposé et que ce changement modifie les bases de cotisation.

Du rapprochement des articles 9 et 11, on déduit cette conséquence que la modification ne pourra profiter qu'au

---

[1] Pourquoi, si le contrôleur ne doit pas tenir compte des objets déclarés par méprise, ne modifierait-il pas une déclaration erronée ? Il me semble qu'il y a une espèce de contradiction entre ces deux parties de l'instruction.

trésor, « car, dit M. Deshaires, p. 58, ce dernier article
» ne disant pas que le contribuable pourra obtenir un dé-
» grèvement de taxe dans le cas où ce changement de rési-
» dence donnerait lieu à une contribution moins élevée,
» on doit en conclure que le législateur n'a entendu parler
» que de la circonstance donnant lieu à une augmentation
» de la taxe. »

A la vérité, ce consciencieux auteur ajoute : « Ce n'est
» pas moins là une difficulté qui ne manquera pas d'être
» élevée et qui, du reste, soulève, à notre avis, une véri-
» table question d'équité. »

Dans les lois fiscales, on est obligé d'appliquer le brocard
Dura lex sed lex. L'iniquité est évidente, mais tout contribuable ne peut obtenir un dégrèvement qu'autant que la
loi lui a formellement accordé le droit de le demander. Or,
l'article 9 n'ouvrant qu'à l'Etat la faculté d'exiger un droit
complémentaire, le contribuable succomberait inévitable-
ment dans sa demande en dégrèvement.

N'est-il pas tout aussi dur, pour ne rien dire de plus, que
le propriétaire d'un chien, qui le perd le 2 janvier, le propriétaire d'une voiture brisée par accident, d'un cheval
mort d'accident ou de maladie soient obligés de payer l'impôt pour toute l'année? cependant l'affirmative n'est pas
contestable.

En ce qui concerne la résidence nouvelle donnant lieu à
un complément de taxe, l'instruction de l'administration
indique, *malgré le silence gardé par la loi, que la déclaration
des faits entraînant les suppléments de taxe, doit avoir lieu
dans les quinze jours où ces faits se sont produits, à peine du
doublement de taxe.*

« Nous ne pensons pas, a dit M. Deshaires, p. 34, qu'une
« pénalité puisse être établie par une simple instruction.
» Toutefois, il importe de tenir bonne note de cette obser-
» vation, pour éviter une aggravation d'impôt, ou tout au
» moins des contestations toujours désagréables. »

Cet estimable auteur a grandement raison d'enseigner qu'une instruction ne peut pas établir une pénalité. Aussi n'a-t-il pas été dans la pensée du ministre d'établir une pénalité, mais il a émis cette opinion que la loi prescrivait par analogie de faire cette déclaration dans le délai qu'il a indiqué. C'est aux juges administratifs que nous devons dire qu'une pénalité ne s'induit pas ; pour la prononcer il faut qu'elle soit écrite textuellement dans la loi. C'est un oubli du législateur ; par analogie, la loi eût dû fixer le délai de quinzaine, à dater du changement de résidence; mais comme elle est muette, ce sera aux agents de l'administration à user de plus de diligence.

« Les déclarations, dit l'instruction du 31 octobre 1862,
» peuvent être faites à toute époque de l'année, et dans une
» commune, au choix de l'imposable, pourvu qu'il y ait
» une résidence. Le maire constate la date du dépôt et
» détache de la formule, sur laquelle la déclaration a été
» faite, un coupon qu'il remet au déclarant, à titre de récé-
» pissé, après y avoir inscrit le contenu de la déclaration...
» Les maires adressent, le 16 janvier, au directeur des
» contributions directes, les déclarations qu'ils ont reçues,
» et lorsqu'il n'a point été fait de déclaration, un certificat
» négatif. »

Les déclarations supplémentaires devront être immédiatement envoyées au directeur.

Voy. *Annualité de l'impôt; Fraude ; Instruction.*

Délai. — Voy. *Déclarations.*

Dépôt. — Voy. *Fraude; Instruction.*

Directeur des contrib. directes. — Voy. *Déclarations.*

N° 11. — Dixième. — Le dixième attribué aux communes est prélevé, dit M. GALLETIER, p. 11, non seulement sur les cotes établies en raison de la population de la commune, mais sur celles qui, par application de l'art. 10, sont réglées à raison de la population de la commune dans lesquelles les contribuables qui ont plusieurs résidences, se font suivre par leurs voitures et chevaux.

Voy. *Perception.*

Domicile. — Voy. *Résidence.*

Domicile réel. — Voy. *Résidence.*

Dressage. — Voy. *Age.*

Durée du séjour. — Voy. *Résidence.*

Ecurie. — Voy. *Résidence.*

Effets. — Voy. *Déclarations.*

Employés. — Voy. *Service administratif.*

Enquête. — Voy. *Fraude.*

Epoque. — Voy. *Déclarations.*

Equipage. — Voy. *Voiture.*

Equité. — Voy. *Déclarations.*

N° 12. — Etalons. — Reproduction. — La loi exempte de l'impôt les *juments* et *étalons exclusivement consacrés à la reproduction*

Il arrive fort souvent que les juments, quoique destinées à la reproduction, servent au propriétaire pendant une grande partie de l'année, soit à la selle, soit comme attelées à une voiture. Elles sont alors imposables. Conf. M. Deshaires, p. 31.

Voy. *Chevaux de courses.*

Evêque. — Voy. *Ministres du culte.*

Etranger. — Voy. *Ambassadeur.*

Exemption. — Voy. *Age; Annualité de l'impôt; Chevaux de courses; Colon partiaire; Corporations religieuses; Huissier; Louage; Médecin; Mines; Ministres du culte; Notaire; Profession; Service personnel; Voiture; Voiture attelée.*

Fonctionnaires publics. — Voy. *Service administratif.*

Frais. — Voy. *Centimes additionnels.*

N° 18. — Fraude. — M. Deshaires, p. 55, fait des observations fort judicieuses que je lui demande la permission de transcrire : « Il est à craindre que cette disposition exclusive de la taxe pour *les faits postérieurs au 1er janvier*, ne favorise singulièrement les personnes de mauvaise foi, et qui voudront chercher à se soustraire au paiement de l'impôt.

» On n'a pas été sans prévoir que bien des contribuables pourraient s'échapper à travers les mailles de cette loi.

» Mais c'est ici le cas de rappeler que les tribunaux administratifs seront juges des difficultés des espèces qui pourront se présenter, et qu'ils se montreront nécessairement sévères chaque fois qu'il leur sera démontré que le contribuable a voulu, par certaines dispositions prises avec plus ou moins d'adresse, éluder ses obligations.

» En matière d'impôt, la fraude ne se présume pas : il faut la prouver ; mais certaines circonstances suffisent pour rendre la certitude complète.

» Ainsi, nous supposons le cas où le propriétaire d'un cheval et d'une voiture remettrait son équipage, dans les derniers jours de décembre, chez un loueur de voitures et de chevaux, pour les retirer ensuite dans les premiers jours de janvier, prétendant les lui avoir vendus, et les avoir rachetés plus tard.

» Nous croyons que le conseil de préfecture verrait dans de pareils faits, tous les caractères d'une manœuvre frauduleuse, et que, sans tenir aucun compte des déclarations du contribuable, il n'hésiterait pas à le condamner au paiement de la taxe et de la double taxe. »

Ces solutions sont incontestables. Pour l'exécution de la loi nouvelle, il faut appliquer le principe général *que la fraude fait exception à toutes les règles*. Dans le cas indiqué par cet honorable auteur, comme dans tout autre, la fraude pourra être découverte. Mais il ne suffit pas que les agents des contributions directes alléguant la fraude, établissent une taxe double, pour que le propriétaire soit obligé de prouver la véracité de sa déclaration. Ce sera à l'administration à prouver devant le tribunal qui sera appelé à prononcer qu'une fraude a été pratiquée; elle le fera tant par titres que par témoins, comme on dit au palais, la preuve contraire réservée au propriétaire.

Grains (marchand de). — Voy. *Service personnel.*
Habituellement. — Voy. *Service personnel.*

N° 44. — **Huissier.** — M. GALLETIER, p. 40, exempte la voiture et le cheval d'un huissier; je ne crois pas que cette opinion puisse être acceptée. A Paris, les huissiers sont très occupés, et ils ne se servent jamais d'une voiture et d'un cheval destinés à leur profession. Les huissiers des autres villes importantes prennent des chevaux de louage, quand leur service les force à parcourir une route qui n'est desservie ni par un chemin de fer, ni par une voiture. Ceux des villes chefs-lieux de canton se transportent presque toujours à pied dans les localités où ils ont des actes à signifier.

Cependant, comme les huissiers sont patentés et qu'ils sont virtuellement compris dans l'art. 6 de la loi, ils seront admis à prouver que la voiture et le cheval, ou le cheval seulement qu'ils possèdent, servent réellement à l'exercice de leur profession.

Voy. *Médecin; Notaire; Service personnel.*

Impôt. — Voy. *Annualité de l'impôt; Centimes additionnels; Perception; Rôles; Voiture.*
Impôt somptuaire. — Voy. *Voiture attelée.*
Incertitude. — Voy. *Déclarations.*
Indemnité. — Voy. *Rôles.*
Industrie. — Voy. *Service personnel.*
Industriel. — Voy. *Service personnel.*

Inspecteur (des contributions directes). — Voy. *Décla-rations.*

Instance. — Voy. *Instruction.*

Nº 15. — Instruction. — Les demandes en remise ou modération sont gracieuses. La pétition au préfet est le seul mode de présenter cette réclamation.

Les demandes en décharges ou réductions sont conten-tieuses. Elles sont introduites devant le conseil de préfec-ture, comme toutes les affaires contre l'administration, par une demande déposée au secrétariat-greffe du conseil de préfecture. J'ai indiqué l'instruction spéciale qui doit être suivie, en matière de *contributions directes,* dans mon code d'*instruction administratif.* Cette instruction est applicable à l'impôt des voitures et chevaux.

Dans chaque commune, même dans la plus grande, *Paris,* un propriétaire, ou un patentable, quelle que soit sa profession industrielle ou libérale, pourra toujours combat-tre une prétention qu'il trouvera illégale, en prouvant par témoins notables et irréprochables qu'il doit rentrer dans une des exemptions édictées par le législateur.

On sait que toute demande relative à une cote au-dessous de 30 fr. est dispensée du timbre, et que pour toute de-mande même au-dessus de cette somme, le recours devant le conseil d'Etat peut avoir lieu sans frais, pourvu qu'il soit déposé à la préfecture dans les trois mois de la notification de l'arrêté contre lequel on veut se pourvoir.

M. Deshaires, p. 40, s'est demandé si le préfet qui était appelé à se prononcer dans les mesures préliminaires rela-tives à la formation du rôle pourrait connaître de la de-mande portée devant le conseil de préfecture, et il tire du rapport qui a précédé le décret du 30 décembre 1862 la conclusion qu'il pourra toujours présider le conseil. Ce serait une grande irrégularité et j'appliquerais à ce cas ce que j'ai dit au titre *de la récusation* dans mon code d'instruction administrative.

Voy. *Compétence; Déclarations; Médecin.*

Intervention. — Voy. *Déclarations.*
Janvier. — Voy. *Annualité de l'empôt.*
Joueur d'orgues. — Voy. *Profession.*
Jument. — Voy. *Étalons.*
Labourage. — Voy. *Agriculture; Mules.*

N° 16. — Louage. — Celui qui ne se sert que de voitures et chevaux de louage n'est assujetti au paiement d'aucuns droits. Ce qui est plus délicat, c'est la position du propriétaire d'un cheval qui loue une voiture, ou du propriétaire d'une voiture qui loue un cheval. — Voy. ce que je dis au mot *Voiture.*

Quant au loueur de voitures ou chevaux, il est forcément exempt, lorsque ses voitures et chevaux sont les instruments de sa profession, ou, comme dit la loi, *sont employés au service de sa profession.*

Loueur. — Voy. *Fraude; Louage; Voitures attelées.*
Luxe. — Voy. *Profession; Voiture attelée.*
Marchand. —Voy. *Service personnel.*

N° 17. — Médecin. — En principe, comme le disent MM. Deshaires, p. 27, et Galletier, p. 10, n° 3, les médecins sont réputés avoir besoin de voitures et chevaux. Ils ne peuvent être soumis à une contribution qu'autant que, comme cela peut se rencontrer à Paris, pour quelques-unes des plus grandes notabilités médicales, le médecin aurait acquis une grande fortune et établi sa maison, dans une position telle qu'on pourrait facilement distinguer les objets employés pour soutenir un rang dans le monde, et ceux nécessaires à l'exercice de sa profession.

Ce sera d'ailleurs dans ce cas à l'administration à prouver l'exception, parce que le médecin se renferme dans les termes de la loi qui l'exempte.

« Un médecin, dit M. Deshaires, p. 28, peut assurément avoir besoin de trois ou quatre chevaux, en raison de l'importance de sa clientèle, et employer autant de voitures, tantôt à deux roues, tantôt à quatre roues, selon les localités dans lesquelles il est appelé et les chemins qu'il doit traverser.

» Du moment où il est bien établi que ce n'est pas la voiture de luxe qui doit être imposée, comment pourra-t-on dire à ce praticien : « Vous avez quatre voitures et quatre chevaux; vous en auriez assez de trois, et la preuve, c'est que vous avez employé tel jour une voiture à quatre roues, que l'on peut considérer comme voiture de luxe.

» Evidemment, avec un tel raisonnement on ne peut établir un impôt; et chaque fois que la question sera posée devant les juges, ils seront certainement dans un grand embarras pour la résoudre.

» Ce que nous venons de dire pour les médecins s'applique également, dans une proportion, moindre à la vérité, aux notaires de campagne qui, eux aussi, peuvent avoir besoin de plusieurs chevaux et de plusieurs voitures.

» Médecins et notaires sont évidemment seuls juges du nombre des voitures et des chevaux utiles pour l'exercice de leur profession.

» Le médecin connaît le nombre de ses malades, le notaire celui des actes qu'il reçoit.

» Voulez-vous obliger ces deux professions à faire connaître aux agents de l'administration des faits qu'elles peuvent avoir intérêt à tenir cachés?

» Ce serait aller contre les propres déclarations du gouvernement, que ous reproduisons ici :

» Ce que le gouvernement cherche, c'est de compléter
» son système d'impôts, en s'attaquant à des signes qui

» n'exigent rien de ce qui pourrait ressembler à une inqui-
» sition, à une perquisition intérieure ! »

» Or, nous le demandons, comment arriver à fixer le nombre des voitures et des chevaux que l'on doit accorder à un médecin, à un notaire et à d'autres professions sans se livrer à cette inquisition et à cette perquisition intérieures que le gouvernement veut éviter ?

» Peut-être, pour prévenir ces difficultés, eût-il été plus sage de créer des catégories selon l'importance des localités, et de disposer que, dans telle ou telle commune, les médecins et les notaires pourront avoir, sans payer l'impôt un *nombre déterminé* de chevaux et de voitures.

» La loi ne peut embrasser que des généralités, et en variant à l'infini le nombre des cas qui peuvent se présenter, en laissant la porte ouverte au doute, à l'interprétation et aux discussions, on ne peut manquer de faire naître un très grand nombre de contestations. »

Le vétérinaire doit être, dans les campagnes, compris parmi les médecins, car la profession de médecin des animaux peut nécessiter voiture et cheval.

Voy. *Huissier; Notaire; Service personnel.*

Métayer. — Voy. *Colon partiaire.*
Militaire. — Voy. *Service administratif.*

N° 18. — **Mines.** — Voici la question que s'est posée l'administration et la solution qu'elle a adoptée :

« Les voitures et les chevaux exclusivement employés au service des mines ne sont pas spécialement désignés dans les exceptions; doit-on les faire entrer dans les bases de l'impôt.

» *Réponse.* — Non. Les concessionnaires des mines né seraient imposables pour ces voitures et ces chevaux qu'autant qu'ils les affecteraient aussi à leur service personnel. Cette dernière affectation étant une condition nécessaire de l'imposition, on ne saurait comprendre dans les bases de l'impôt les voitures et les chevaux exclusivement affectés à l'exploitation des mines, par le motif seul qu'il n'en est pas fait une mention spéciale dans les exceptions. »

Cette solution ne me paraît pas logique. Ou les travaux des mines ne rentrent pas dans la loi, et alors on ne peut pas dire que les voitures et chevaux employés aux travaux des mines soient compris dans l'exemption ; ou, au contraire, la loi est applicable, et alors les propriétaires des mines ne doivent pas être imposés lorsqu'ils se servent *aussi* des voitures et chevaux pour leur service personnel.

L'article 4 de la loi suffit pour que l'exemption soit prononcée, parce qu'on ne peut pas dire que les voitures et chevaux qui sont affectés à l'exploitation d'une mine, soient *affectés* au service personnel du propriétaire de la mine.

Ministre des finances. — Voy. *Déclarations.*

N° 19. — Ministres du culte. — L'administration a répondu que l'exemption s'appliquait à tous les ministres des différents cultes, sans qu'il y ait à rechercher s'ils ont ou n'ont pas besoin de chevaux ou de voitures pour l'exercice de leur ministère. Quel que soit le ministre du culte, un cardinal, un archevêque, un chanoine, un prêtre vivant en dehors de toute administration paroissiale, un prêtre libre, etc., pourvu que ce soit un ministre du culte remplissant ses fonctions, l'exemption est applicable. — « Il est
» facile de s'expliquer les motifs du législateur, a dit
» M. Deshaires, p. 31 : Les desservants chargés de l'admi-
» nistration d'une paroisse ne sont pas les seuls exposés
» à des déplacements. Il n'est pas un seul prêtre à la porte
» duquel on ne puisse venir frapper au milieu de la nuit
» et qui ne soit obligé d'avoir presque toujours sous la

» main une voiture et un cheval. » — Voy. aussi M. GALLE-
TIER, p. 11.

Voy. *Corporations religieuses.*

Modération (demande en). — Voy. *Centimes additionnels;
Instruction.*

Modification. — Voy. *Déclarations.*

N° 20. — Mules. — « Nous remarquons, dit M. DESHAIRES,
» p. 17, que la loi ne parle pas des voitures attelées avec
» des mules ou des ânes, et que dès lors ces voitures nous
» paraissent avoir été dispensées de l'impôt. » — Cette
solution est exacte. Ce serait une lacune si, en général pour
les ânes, ils n'étaient pas toujours employés par des industriels pour l'exercice de leur profession ; pour les mules, si
les propriétaires qui s'en servent ne les affectaient pas au
labourage. La loi ne s'applique qu'aux chevaux.

Nombre de chevaux. — Voy. *Huissier; Médecin; Notaire.*

N° 21. — Notaire. — Le notaire est patenté, comme le
médecin et l'avocat. Pour le médecin, voyez ce que j'ai dit
à ce mot. Quant à l'avocat, l'exercice de sa profession ne
nécessite pas l'emploi de voitures et chevaux ; il ne pourra
donc pas se placer dans l'exception prévue.

Pour le notaire, c'est plus délicat ; cependant, comme on
l'a vu *suprà,* p. 29, M. DESHAIRES est aussi positif que pour
le médecin.

Certes, je suis de son avis ; le législateur eût bien fait
de dire : à Paris et dans les villes de tant de milliers d'habitants, l'exemption n'existera pas. Dans les autres communes, une voiture et un cheval ne seront pas taxés. Mais
la loi est muette sur les cas d'exemption. Peut-on dire « de
ce soit de l'*inquisition* que de porter sur le rôle un no' aire
qui a voitures et chevaux, et qui n'en fait que l'ur age le

3

plus accidentel, pour aller passer un acte ? Pourquoi ce cas donnerait-il lieu à une *inquisition*, ou à une *perquisition*, plutôt que la recherche de l'usage qu'un propriétaire agriculteur fait de sa voiture et de ses chevaux ? Faut-il donc toujours répéter que l'usage déterminé est notoire dans une commune, et qu'il sera bien facile à un notaire d'établir la nécessité qu'il éprouve, à cause de sa nombreuse clientèle, d'avoir une voiture et un cheval. Il y a fort peu de notaires de cantons ruraux qui ne puissent facilement établir cette nécessité.

Est-ce qu'on a besoin de demander à un notaire combien il reçoit d'actes par an pour le savoir ? Le receveur de l'enregistrement peut en donner la note exacte; et, d'ailleurs, chacun sait quelle est la nature de la clientèle de tel ou tel notaire. Il ne faut pas entourer l'exécution de la loi de trop d'aspérités qui nuisent au principe de tout impôt, *l'égalité*.

Une autre observation me paraît devoir être prise en considération. Dans les villes importantes, presque tous les actes sont passés en l'étude ou dans la circonscription même de la ville ; il en est autrement pour les notaires qu'on appelle notaires de cantons, ou notaires ruraux.

Le Journal du Notariat (dans son numéro 1749 du 13 décembre 1862) s'est élevé avec énergie contre l'interprétation anticipée donnée à la loi par M. Baroche, *président du conseil d'État, commissaire du gouvernement*, et l'interprétation de la loi promulguée par M. le ministre des finances. L'auteur de l'article, M. Braine, notaire à Arras, qui combat sans doute *pro aris et focis*, dit, avec raison, qu'une instruction n'est pas une loi. Aussi les tribunaux administratifs auront-ils à appliquer la loi du 2 juillet 1862 et non les circulaires et instructions. Mais je ne puis accepter le motif d'exemption qui paraît déterminant à M. Braine, à savoir que les notaires des chefs-lieux de Cours impériales ayant le droit d'instrumenter dans tout le ressort des Cours, doivent être tous réputés avoir nécessairement besoin d'une voiture et

d'un cheval. De là résulterait que l'exemption devrait exis
ter en faveur des avocats, qui ont le droit de plaider dans
toute la France, et je connais tel avocat célèbre, de tel ressort, qui pourrait prouver, par son budget, qu'il dépense
en voyage plus d'argent que les notaires d'Arras. On parle
de loueurs de voitures et de chevaux de louage. Avec nos
voies actuelles de communication, la profession de loueur
de voitures et de chevaux aux officiers ministériels a trop
perdu pour qu'on puisse invoquer la nécessité de recourir à
ces industriels.

Je me permettrai d'ajouter qu'il ne faut rien exagérer, et
que le notaire de Paris, de Toulouse, d'Arras, de Civray, etc.,
qui prouvera (à ce sujet il y a toujours, comme je l'ai déjà
dit, notoriété publique) qu'il se sert habituellement d'une
voiture et de chevaux pour les besoins de sa clientèle,
devra obtenir l'exemption de l'impôt. — Je crois même
qu'il ne s'élèvera pas, à ce sujet, de sérieuses difficultés.

Voy. *Huissier; Médecin; Service personnel.*

Nuit. — Voy. *Résidence.*

Observations. — Voy. *Déclarations.*

Orgue (joueur d'). — Voy. *Profession.*

Paiement de l'impôt. — Voy. *Perception.*

Partie (en). — Voy. *Service personnel.*

Patentable. — Voy. *Huissier; Médecin; Notaire; Profession; Service personnel.*

Patente. — Voy. *Huissier; Médecin; Notaire; Profession;
Service personnel.*

Pénalité. — Voy. *Déclarations.*

N° 22. — Perception. — Du principe que l'impôt sur les
chevaux et voitures est entièrement assimilé aux contributions directes, résultent ces conséquences signalées par
M. GALLETIER, p. 15; que 1° le mode de publication des rôles
est le même; 2° le paiement peut avoir lieu par douzièmes;

5° les taxes supplémentaires sont payables par portions égales autant qu'il reste de mois à courir à dater de l'obligation de payer un supplément ; 4° la quittance des termes échus doit être jointe aux demandes en décharge ou réduction, etc., etc. (Voy. mon *Code d'instruction administrative*, titre des *Contributions directes*).

Permanence. — Voy. *Déclarations.*

Plénipotentiaire. — Voy. *Ambassadeur.*

Population. — Voy. *Dixième.*

Poulain. — Voy. *Age.*

Préfet. — Voy. *Instruction.*

Préfecture. — Voy. *Instruction.*

Premier janvier. — Voy. *Annualité de l'impôt.*

Prêtre. — Voy. *Ministres du culte.*

Prêtre libre. — Voy. *Ministres du culte.*

Preuve. — Voy. *Fraude ; Huissier ; Médecin ; Notaire.*

Procédure. → Voy. *Instruction.*

Professeur. — Voy. *Profession.*

N° 28. — **Profession.** — Le rédacteur du Répertoire administratif *de Grenoble* s'est posé cette question :

« La voiture servant à un homme estropié (un maître d'écriture ou de dessin, par exemple), qui ne peut faire aucune course à pied, et qui seul des personnes de sa profession dans la ville, emploie cette voiture pour l'exercice de son état, non sujet à patente, doit-il être soumis à l'impôt ? »

Il y a répondu en ces termes :

« Non, la voiture *nécessaire* à l'exercice d'une profession est exonérée de l'impôt ; celle qui est *indispensable* à un estropié pour faire les courses demandées par la profession qu'il exerce, bien que cette profession ne soit pas sujette à patente, doit être exempté, par la raison toute simple que le législateur a entendu imposer les voitures d'un usage personnel, comme *expression* des facultés mobilières des contribuables et *manifestation* du superflu; et que celle qui sert à un estropié pour se transporter d'un lieu à un autre, ne saurait être rangée dans cette catégorie: elle est simplement *l'expression* d'une malheureuse nécessité chez celui à qui elle est indispensable pour sa locomotion, afin de subvenir à son existence.

» Cependant, le précédent que le chien de l'aveugle paie la cotisation de 2ᵉ classe, pourrait peut-être déterminer l'impôt de la voiture dont il s'agit ; mais, dans tous les cas, la soumission à la taxe ne paraîtra pas rentrer dans l'intention du législateur. »

On peut ajouter que, pour des professions telles que celles de *professeurs de belles-lettres, de sciences, d'arts et d'agrément, de joueurs d'orgue, de chanteurs dans les rues,* etc., une voiture grande ou petite et un cheval sont très souvent nécessaires.

La difficulté sérieuse provient de ce que la loi sur les patentes exempte de l'impôt ces professions et métiers, et que la loi nouvelle ne parle, pour l'exemption, que des professions donnant lieu à l'imposition de la patente.

Cependant au mot *mines* j'ai adopté l'opinion de l'administration elle-même, qui exempte les voitures et chevaux servant à l'exploitation des mines, en me fondant sur ce que ces objets ne sont plus alors destinés *au service personnel du propriétaire ou de sa famille,* ainsi que le déclare la loi dans son article 4.

Le même motif me paraît devoir, non pas faire prononcer une exemption, mais faire déclarer que la loi n'est pas applicable, parce que la voiture et le cheval ne sont pas employés à ce qu'on appelle le *service personnel du propriétaire,* ce qui, dans un autre langage, si on n'était pas convenu de repousser cette expression, reviendrait à dire, *ne sont pas des objets de luxe.*

Voy. *Huissier; Louage; Médecin; Notaire; Service personnel.*

Prolongation de séjour. — Voy. *Résidence.*

Propriétaire. — Voy. *Colon partiaire.*

Quinzaine. — Voy. *Déclarations.*

Rachat. — Voy. *Fraude.*

Réclamations. — Voy. *Compétence; Déclarations; Instruction.*

Recours. — Voy. *Compétence; Instruction.*

Réduction (demande en). — Voy. *Instruction.*

Remise (demande en). — Voy. *Centimes additionnels; Instruction; Résidence.*

Reproduction. — Voy. *Chevaux de courses; Étalons.*

N° **24.** — **Résidence.** — A cette question : Dans quelle commune et d'après quel tarif doit-on imposer;

1° Le propriétaire qui a son domicile réel dans une ville sans y avoir d'écuries ou de remises, et une habitation avec écuries et remises dans une commune rurale où rentrent, tous les jours, les chevaux et les voitures qui lui servent d'ailleurs dans la ville comme dans la commune rurale ;

2° Le propriétaire qui a dans une commune rurale son habitation avec écuries et remises, et dans une ville voisine, où il n'a point d'habitation, un bureau d'affaires ou un simple pied à terre, avec des écuries et remises où les chevaux et les voitures ne stationnent qu'une partie de la journée ;

3° Le propriétaire qui réside habituellement dans une commune rurale et vient passer, chaque année, avec ses chevaux et ses voitures, quelques semaines en ville dans la maison d'un ami ou dans une auberge ?

L'administration a répondu :

« 1° Il est imposable dans la ville d'après le tarif de la commune rurale ; mais s'il n'avait pas une habitation dans la commune où se trouvent les écuries et les remises, la voiture et les chevaux devraient être imposés dans la ville où le propriétaire a son domicile réel et d'après le tarif de la ville.

» 2° Il est imposable dans la commune rurale d'après le tarif de cette commune.

» Pour être imposable dans la commune rurale d'après le tarif de la ville, il faudrait qu'il eût dans la ville une habitation ; et pour être imposable au rôle de la ville, il faudrait qu'il y eût son domicile réel.

» 3° On doit l'imposer dans la commune rurale où est son domicile réel et d'après le tarif de la ville, s'il peut être considéré comme y ayant une habitation. S'il n'y passait que comme visiteur ou comme voyageur, il ne serait imposable que d'après le tarif de la commune rurale. L'application du tarif devient encore ici une question de fait laissée à l'appréciation des agents locaux. »

On peut ajouter que, quoique le propriétaire ait en ville une écurie et une remise, si elles ne sont consacrées qu'à mettre à couvert la voiture et le cheval pendant le jour de l'arrivée et la nuit, lorsqu'il n'est pas possible de les renvoyer à la campagne le même jour, le propriétaire ne sera imposé au rôle de la ville que d'après le tarif de la commune rurale. Il en serait autrement s'il se servait, quoiqu'accidentellement, de ses voitures et de ses chevaux pour faire des courses dans la ville qu'il habite.

» D'après la jurisprudence du conseil d'Etat, fait observer M. GALLETIER, p. 12, la commune du domicile réel est celle où l'on fait habituellement le séjour le plus prolongé ; et, dans le cas d'un séjour habituel d'égale durée en deux endroits, la commune du domicile réel est celle où l'on a sa principale habitation, ses principales propriétés, ou le siège de sa profession, ou de son industrie. »

» Pour le contribuable, ajoute le même auteur *eod. loco*, qui a des voitures et des chevaux restant habituellement attachés à diverses résidences, celui-là est imposé dans le rôle de chacune des communes où il a des résidences, à raison du nombre spécial de voitures et de chevaux habituellement attachés d'une manière permanente à chaque résidence. Alors la taxe doit être réglée dans chaque commune d'après le tarif affecté à la population de cette commune. »

Ces solutions me paraissent exactes, et ne sont pas contrariées par une réponse de l'administration ainsi conçue :

« Quand le propriétaire a plusieurs habitations où il est suivi par les mêmes chevaux qu'il attelle à des voitures restant en permanence dans chaque résidence, on doit l'imposer pour ses chevaux dans la commune de son domicile réel, d'après le tarif de la commune dont la population est la plus élevée. Pour ses voitures, on doit l'imposer dans les communes où elles sont en permanence, en commençant par la commune dont la population est la plus élevée, et en s'arrêtant au nombre de voitures que le propriétaire peut atteler simultanément avec des chevaux dont il dispose. »

Voy. *Chevaux; Commune; Déclarations; Dixième; Voiture.*

Résultat. — Voy. *Déclarations.*

N° 25. — **Rôles.** — L'administration a décidé qu'il doit être alloué aux contrôleurs et aux directeurs des contributions directes une indemnité, non seulement dans les communes où il aura été fait des rôles, mais aussi dans celles où il aura été fait des rôles supplémentaires.

Voy. *Déclarations.*

Sciences et arts (professeurs des). — Voy. *Profession.*
Selle (chevaux de). — Voy. *Étalons.*
Séjour. — Voy. *Résidence.*

N° 26. — **Service administratif.** — Sur le § 1er de l'art. 7,

MM. Deshaires, p. 50, et Galletier, p. 10, et l'administration ont pensé que si les chevaux possédés en conformité des règlements du service militaire ou administratif ne donnent pas lieu au paiement de la taxe, il ne doit pas en être de même des voitures attelées avec ces chevaux, à moins que les règlements ne rendent la possession de ces voitures obligatoires, et que si le fonctionnaire qui, sans y être astreint par les règlements, possède un autre cheval ou une autre voiture dont il ne fait usage que pour son service personnel, il ne peut être affranchi de la taxe.

M. Deshaires cite, comme exemple, certains employés de la régie qui, d'après les règlements, devant pourvoir à l'entretien d'*un cheval*, devraient payer la taxe s'ils avaient une voiture, ou deux chevaux ; principe qu'il déclare, avec raison, applicable aux fonctionnaires et employés du service militaire.

Quant à ces derniers, M. Galletier ajoute que, si le fonctionnaire ou employé a plus de chevaux que son grade ne comporte de rations de fourrage, il est passible de la taxe à raison du nombre de chevaux qu'il a en supplément.

Service militaire. — Voy. *Service administratif.*

N° 27. — **Service personnel.** — J'ai déjà parlé *suprà*, p. 14, n° 2, au mot *Agriculture*, de certains cas dans lesquels les voitures et chevaux devaient être réputés employés au service personnel du propriétaire. — Il faut aussi consulter *suprà*, p. 29 et 33, ce que j'ai dit spécialement du *Médecin* et du *Notaire*.

Ici je m'occupe plus spécialement de l'industrie. Il n'est pas nécessaire, pour qu'il y ait lieu à exemption, comme semble le dire l'article 7 de la loi, § 3, dont la rédaction était la conséquence d'un article qui a disparu dans la discussion, que les voitures et chevaux soient *exclusivement* employés aux travaux d'une profession quelconque donnant lieu à l'application de la patente ; il suffit, comme nous l'apprend la nouvelle rédaction insérée dans l'art. 0, que ces voitures et chevaux soient employés *en partie* aux travaux de la profession, pour que cette exemption existe. On ne doit pas se dissimuler que les difficultés seront plus nombreuses que pour l'agriculteur, et que la solution sera encore plus embarrassante.

L'administration a pensé que la voiture et le cheval à l'usage du propriétaire ou de sa famille sont imposables s'ils ne sont pas aussi *habituellement* employés au service de l'industrie. Ce mot est plus énergique que celui de la loi *en partie* (Voy. ce que j'ai dit *suprà*, p. 14, au mot *Agriculture*). Je me suis appuyé sur des dispositions du code Napoléon, qui n'ont pas ici une portée juridique.

Dans le rapport, dans la discussion, dans les instructions administratives, on a fait de vains efforts pour caractériser d'une manière générale, absolue, certaine, à quel emploi des voitures et chevaux on reconnaîtrait que l'exemption est applicable aux industriels. C'est ce que nous apprend M. Desmaires, p. 28 et suiv., qui emploie une expression un peu délicate : *voiture mixte.*

Voici comment, juge, j'apprécierais la position d'un industriel. La voiture et les chevaux sont-ils indispensables pour l'exercice de l'industrie ? l'exemption est acquise, l'industriel se servît-il de sa voiture et de son cheval pour son industrie et son service personnel dans la proportion d'un dixième pour le premier, et des neuf dixièmes pour le second. — L'industrie peut-elle, au contraire, se passer d'une manière absolue d'une voiture et d'un cheval, l'emploi industriel ne sera plus qu'un accident ou un prétexte, et alors l'impôt devra être perçu. J'ajoute néanmoins que je serais très large dans l'appréciation de la nécessité d'une voiture et d'un cheval pour telle ou telle industrie, et même dans chaque industrie pour tel ou tel industriel dont la clientèle peut être plus ou moins considérable.

Les mots *en partie, habituellement,* ne devraient pas figu-

rer dans une loi d'impôt dont le texte devrait être percep-
tible à la plus modeste intelligence. Je reconnais que, sous
ce rapport, la loi sur les patentes est une loi excellente.
Elle est d'autant meilleure, qu'elle est perfectionnée à des
époques très rapprochées.

On voit que je ne puis partager l'interprétation proposée
par l'administration, dont j'ai donné le texte *suprà*, p. 14,
au mot *Agriculture*, et celle de M. GALLETIER, p. 9, quand
il dit : « Il faut entendre les mots *en partie*, en ce sens que
» les objets en question doivent être employés *moitié* pour
» un des services, *moitié* pour l'autre. » Mais cet estimable
auteur me paraît rentrer dans le vrai quand il ajoute : « En
» un mot, il faut que le cheval et la voiture soient l'instru-
» ment habituel et *nécessaire* du commerce exercé, etc. »

Je partage complètement l'interprétation du même auteur
lorsqu'il déclare (p. 10) exempts, d'une manière absolue,
le *boucher*, le *marchand de bestiaux*, le *marchand de laines*, le
marchand de grains, étant dans l'usage de parcourir les
campagnes et les marchés, le *voyageur de commerce*, etc.

Voy. *Age ; Agriculture ; Huissier ; Louage ; Médecin ; Mines ;
Notaire ; Profession.*

Supplément. — Voy. *Annualité de l'impôt ; Déclarations ;
Perception ; Résidence ; Rôles.*

Suspendues (voitures). — Voy. *Voiture.*

Tarif. — Voy. *Résidence.*

Taxe (complément de). — Voy. *Déclarations.*

Taxe (supplémentaire). — Voy. *Perception ; Résidence ;
Rôles.*

Termes échus. — Voy. *Perception.*

Tilbury. — Voy. *Voiture.*

Timbre. — Voy. *Instruction.*

Travaux. — Voy. *Mines.*

Vétérinaires. — Voy. *Médecin.*

Voyageur de commerce. — Voy. *Service personnel.*

No 28. — Voiture. — Le législateur a employé le mot *voiture* sans le définir. C'eût été cependant bien facile, et il aurait, ainsi, prévenu beaucoup de difficultés.

Le dictionnaire de l'Académie qui reproduit souvent de très vieilles définitions, car il emploie encore le mot *carrosses* qui, il faut l'avouer, n'est maintenant en usage ni dans le langage élevé, ni dans le langage vulgaire, définit la *voiture* ce qui *sert au transport des personnes, des marchandises.* Donc une charrette, même traînée par des bœufs, serait une voiture comme au temps où

> Quatre bœufs attelés, d'un pas tranquille et lent,
> Promenaient dans Paris le monarque indolent.

Ce dictionnaire cite comme exemples, les voitures *douce, rude, suspendue,* le *carrosse,* la *litière,* le *bateau.*

Le style académique ne peut donc pas nous éclairer sur la question fort grave : *Qu'est-ce que la loi de 1862 entend par* VOITURE?

J'avoue que je serais porté à ne considérer comme une *voiture* que ce à quoi le bon sens public applique cette expression. Quand on voit passer une charrette, on ne dit pas : *Voilà la voiture de M. un tel.* Ou bien, on le dit par dérision.

La loi sur les patentes distingue les *carrossiers,* les *charrons,* etc.

Mais voilà qu'on m'oppose (M. DESMAIRES, que je reconnais un excellent esprit, est de ce nombre, p. 22 et 23), que je blesse le principe de l'égalité, que je fais de la loi du 2 juillet 1862, une loi somptuaire, tandis qu'il a été reconnu par tous les orateurs du gouvernement et du Corps législatif, que ce n'était qu'une loi d'impôt ordinaire qui frappe les voitures les plus modestes comme les équipages les plus élégants. On cite les paroles de M. SEGRIS, *rapporteur* :

« L'impôt proposé doit atteindre aussi bien la plus modeste carriole attelée, suspendue ou non sur ressorts, *mais affectée au service de la personne, que le somptueux équipage.*

« Si l'impôt se fût produit comme inaugurant le principe
» des impôts *sur le luxe* et sur les manifestations extérieu-
» res de la richesse, *la majorité* de votre commission se
» fût prononcée pour le rejet. »

M. Baroche, commissaire du gouvernement, a ainsi défini la *voiture* :

« La voiture dont on veut parler n'est point une voiture de luxe, mais ce n'est pas non plus un tombereau ; *ce n'est point cette voiture sans forme et sans nom dont on vous a entretenus, et qui sert à transporter les denrées que l'on veut vendre ;* c'est ce petit cabriolet, cette espèce de tilbury, cette petite carriole dont se sert un cultivateur, en y attelant un des chevaux de sa ferme pour aller une ou deux fois par semaine au marché. »

Selon cet honorable orateur, la voiture doit donc se réduire au *petit cabriolet*, à *une espèce de tilbury*, à *une petite carriole*.

Ce n'est pas complètement une charrette, mais cette définition s'en rapproche beaucoup.

Je ferai d'abord observer qu'il y a bien peu de propriétaires en France qui aient une *carriole* qui ne serve pas à l'exploitation de leur propriété, ce qui les place dans la catégorie des exemptions, quoiqu'ils s'en servent aussi pour leur service personnel.

Toutefois, pour éviter les difficultés, il faut un principe, une règle. J'appellerais *charrette* et non *voiture*, malgré les expressions trop larges de M. Segris, tout véhicule qui n'est pas suspendu sur ressorts. J'appellerais *charrette*, les véhicules suspendus sur ressorts, qui servent aux propriétaires à transporter leurs denrées de la campagne à la ville, ce qui existe dans presque toutes les villes de France.

J'appellerais *voiture*, même la petite carriole suspendue sur ressorts, œuvre souvent du charron et du forgeron du village, si cette carriole sert exclusivement au service personnel du propriétaire.

Voy. *Agriculture; Étalons; Louage; Résidence; Service administratif; Service personnel; Voiture attelée.*

N° 29. — Voiture attelée. — Que doit-on entendre par *voiture attelée?* La solution de cette question offre de sérieuses difficultés que je ne me flatte pas d'élucider, tant sont obscures, à mon sens, les observations qui ont été faites à ce sujet. Me plaçant au point de vue du juge administratif qui va être appelé à faire connaître par des décisions le véritable sens de la loi, je dois lui soumettre mes appréciations.

Une *voiture attelée* est, dans le langage le plus ordinaire, une voiture à laquelle un cheval ou deux chevaux sont affectés. Une *voiture attelée* n'est pas toujours, dans le langage ordinaire, une voiture *susceptible d'être attelée.* Il est bien certain qu'un carrossier ne paiera pas un droit par chaque voiture exposée dans son magasin, non pas parce que ces voitures ne sont point susceptibles d'être attelées, car elles le sont toutes et elles ne sont exposées et offertes aux acheteurs que précisément parce qu'elles sont susceptibles d'être attelées immédiatement, mais parce que ces voitures sont employées pour le service de sa profession.

Grammaticalement parlant, on pourrait bien critiquer cette expression de *voiture attelée* parce que l'impôt ne frappe pas seulement une voiture qui roule avec son cheval ou ses chevaux, mais une voiture à laquelle sont destinés le cheval ou les chevaux possédés par le propriétaire de cette voiture. Cette expression *attelée* est encore vicieuse sous un autre rapport, en ce sens que le propriétaire de deux, trois, quatre voitures ou un plus grand nombre, devrait payer l'impôt par chacune de ses voitures, quoiqu'il n'ait que deux chevaux qu'il peut atteler, quand il le juge convenable, à telle ou telle de ses voitures.

Le langage du législateur présente encore un côté défectueux. On parle toujours des *voitures et des chevaux*, non pas *des voitures ou des chevaux*, expression qui, rapprochée de celle-ci *voiture attelée*, ferait présumer qu'une voiture attelée est une voiture et le cheval qui la traîne.

Toutefois, il faut reconnaître, malgré toutes ces incorrections de langage et d'expression, que le tarif, qui est la véritable règle de l'impôt, ne prête à aucune interprétation.

Celui qui possède une voiture paiera telle somme. Celui qui possède un cheval de selle ou d'attelage paiera telle autre somme. L'espèce d'indivisibilité qui semblait exister dans les dispositions diverses de la loi disparaît devant ce tarif qui divise nettement et clairement chaque nature d'impôt.

Que peut donc objecter celui à qui on demande le paiement d'une somme de... pour taxe de la voiture qu'il reconnaît posséder ?

Qu'il n'a pas de chevaux ? mais on ne lui parle pas de chevaux qu'il ne paiera qu'autant qu'il attellera des chevaux à sa voiture ?

On lui répondra par le tarif :

Somme d payer pour chaque voiture, tant, sans distinction, sans dénomination, sans embarras d'expression. C'est clair, simple et net, comme doit être une loi d'impôt.

Le loueur de voitures, quoiqu'il ait dix voitures et seulement quatre chevaux, ne paiera rien, parce qu'il est dans l'exemption prévue par l'art. 6.

La règle générale sera donc un niveau inflexible : *tant par voiture, tant par cheval.*

Seulement, comme la disposition de l'art. 4 parle d'une voiture *attelée* et qu'il faut bien donner une certaine portée à cette expression, une voiture inserviable, inachevée, ne devra pas être considérée comme une voiture *attelable*, synonyme d'*attelée* très probablement dans la pensée du rédacteur de l'article, et qu'aucune déclaration ne devrait en être faite.

Dans l'ordre d'idées qui me paraît rentrer dans l'esprit de la loi et dans le texte du tarif, il est évident que parfois une voiture sera imposable seule quand les chevaux d'attelage ne le seront pas. Par exemple, si un propriétaire se sert de ses chevaux de labour, pour traîner la voiture qui le porte de la ville à la campagne. Tandis que toujours les chevaux seront exemptés, lorsqu'ils seront attelés à une voiture servant en partie au service de l'agriculture ou d'une profession, en partie pour le service du propriétaire et de sa famille.

Le journal de l'Yonne avait émis une opinion relative aux voitures attelées avec un cheval de louage, et il a reçu un communiqué que je n'ai pas parfaitement compris.

Pour saisir la pensée de l'administration, il me paraît préférable de donner textuellement la partie qui concerne la nature des voitures dans l'instruction de M. le directeur général des contributions directes du 31 octobre 1862 :

« 7. — L'application de la loi demande, en ce qui con-
» cerne les voitures, quelques explications particulières.
» On ne doit les imposer, même lorsqu'elles ont le carac-
» tère incontestable de voitures de luxe, qu'autant qu'on
» peut les considérer comme voitures attelées, c'est-à-dire,
» ainsi qu'on doit l'entendre, d'après l'exposé des motifs et
» la discussion de la loi, celles que le même propriétaire
» peut atteler simultanément. On n'imposerait donc qu'une
» seule voiture à celui qui n'aurait qu'un cheval, alors
» même qu'il aurait deux ou un plus grand nombre de voi-
» tures qu'il attellerait alternativement ; on n'imposerait
» également au propriétaire de deux chevaux qu'une voi-
» ture, bien qu'il en eût plusieurs, si chacune de ces voi-
» tures ne pouvait être attelée qu'au moyen de deux che-
» vaux. Cependant, tout en respectant l'intention qu'a eue
» le législateur de ne faire imposer que les voitures pouvant

» être attelées simultanément, on devra toujours imposer
» la taxe la plus élevée dans le cas d'emploi de nombres
» différents de voitures avec le même nombre de chevaux
» Ainsi, le propriétaire ayant deux chevaux et trois voitu-
» res serait imposé pour deux voitures et deux chevaux, et
» non pour une voiture et deux chevaux, s'il attelait tantôt
» ses deux chevaux à une seule voiture, et tantôt deux de
» ses voitures avec un seul cheval chacune.

» 8. — Enfin, bien que les voitures attelées soient seu-
» les imposables, on fera remarquer que les taxes énoncées
» au tarif comme applicables aux voitures comprennent,
» non une somme indivisible due pour l'équipage entier,
» mais la somme particulière qui est afférente à la voiture
» prise isolément. Il faut par conséquent, pour établir l'im-
» pôt dû par un contribuable chez qui l'on trouverait les
» deux éléments de cotisation, faire deux applications de
» tarif, l'une aux voitures, l'autre aux chevaux, et réunir
» ensuite les deux produits.

» 9. — Il résulte de ce qui précède qu'un contribuable
» possesseur de voitures qu'il n'attellerait qu'avec des che-
» vaux non passibles de la taxe, tels que les chevaux em-
» ployés exclusivement ou en partie à l'agriculture, à l'exer-
» cice d'une profession sujette à patente, etc., devrait
» cependant être imposé, s'il faisait usage de ces voitures
» pour son service personnel ou celui de sa famille ; mais
» on ne lui appliquerait que la taxe afférente aux voitures.

» 10. — Dans aucun cas, on ne doit imposer ni les voi-
» tures, ni les chevaux qui sont pris en location chez les
» loueurs, bien que ces voitures et ces chevaux soient
» affectés au service personnel de celui qui les emploie ;
» mais on devrait imposer, au nom de la personne qui en
» ferait usage, s'ils avaient la même affectation, les chevaux
» et les voitures que des parents, des amis ou des particu-
» liers auraient mis, même à titre gratuit, à la disposition
» de cette personne pour en jouir comme le propriétaire,

4

» ainsi qu'on jouit, par exemple, des meubles d'une maison
» louée en garni. »

Cette dernière réflexion ne peut donner lieu à aucune
controverse.

L'opinion de M. le directeur général serait donc que la
voiture n'est pas isolément susceptible d'une taxe, parce
que le propriétaire qui a deux voitures et un seul cheval,
ne doit la taxe que d'une voiture. D'où il résulterait que
celui qui n'a qu'une voiture sans chevaux serait exempt de
la taxe et qu'il pourrait très bien louer un ou plusieurs
chevaux, sans pour cela être sujet à une taxe. Le 1er janvier
il n'a qu'une voiture sans chevaux. L'administration n'a pas
le droit de s'enquérir de ce qu'il fera dans le cours de l'année. En ce sens, la voiture susceptible d'être imposée n'est
pas la *voiture attelable*, mais uniquement la voiture attelée.
C'est précisément ce qu'avait dit le journal auquel a été
adressé un communiqué.

Le JOURNAL DU NOTARIAT (n° 1749, du 15 décembre 1862) a
fait observer qu'il y avait une certaine contradiction entre
les n°s 7 et 9 de l'instruction ; car si celui qui n'a qu'une voiture sans cheval ne doit pas être taxé, celui qui a un cheval
servant à l'agriculture ou à une profession, ne doit pas
payer pour la voiture qui, sans cheval, ne peut être attelée.

D'un autre côté, si le principe de la divisibilité posé dans
l'instruction est exact, on ne voit pas pourquoi chaque
voiture, avec ou sans cheval, ne sera pas imposable.

M. HUVELIN, *notaire* (dans le même journal, n° 1784,
du 3 janvier 1863), a combattu d'une manière très serrée
l'opinion qui tendrait à soumettre à la taxe, la voiture à
laquelle ne serait attelé qu'un cheval de louage. Je lui
demande la permission de reproduire un extrait notable de
sa dissertation :

« Voici d'abord l'exposé des motifs du gouvernement :

« Le tarif du projet a même été combiné de façon à sup-
» primer, pour le contribuable, *tout intérêt d se défaire des*
» *voitures qui lui seraient presque superflues.* En effet, il n'im-
» pose que les *voitures attelées.* Cette expression, déjà em-
» ployée dans la loi du 21 mai 1836, interprétée par la
» jurisprudence du conseil d'Etat, doit être entendue en ce
» sens, que les voitures attelées sont celles que leur pro-
» priétaire peut faire rouler simultanément au *moyen du*
» *nombre de chevaux dont il dispose.* »

» Le rapporteur de la commission s'exprime dans des
termes tout-à-fait identiques et répète les expressions
mêmes de l'exposé des motifs du gouvernement.

» Il résulte de ces deux documents qu'il n'a pas été dans
l'esprit de la loi d'imposer toutes les voitures, mais seulement celles attelées d'un ou plusieurs chevaux. Or, grammaticalement parlant : « une voiture attelée est celle à
» laquelle est attaché un cheval, un mulet, une bête de
somme. » (Boiste, Napoléon Landais). La définition ci-dessus
rapportée est beaucoup moins claire; elle ne s'applique
qu'aux voitures que le propriétaire peut faire rouler *simul-*
tanément, au moyen du nombre de chevaux dont il dispose.
Ce qui ne peut s'entendre que de celui qui a, en même
temps, plusieurs chevaux et une ou plusieurs voitures. On
conçoit, cependant, que celui qui a une seule voiture et un
seul cheval pour y atteler doive payer l'impôt. Mais il n'est
pas entré dans l'idée du législateur de frapper de l'impôt la
voiture sans cheval. Autrement il était inutile d'ajouter au
mot voiture l'adjectif *attelée.* Le premier mot renfermait
l'idée de généralité; l'adjectif, au contraire, en restreignait
la portée et fait naturellement entendre que l'impôt ne doit
frapper qu'une catégorie de voitures, celles appartenant à
un propriétaire de chevaux, ayant *simultanément* l'un et
l'autre.

» D'un autre côté, c'est l'usage fréquent de la voiture qui
est le signe de l'impôt; la voiture qui n'a pas son cheval,

dont on se sert rarement ou avec un cheval de louage, ne sauroit être assimilée à l'autre. La preuve c'est que, dans son exposé de la loi, le gouvernement annonce que le propriétaire de voitures pourra conserver, *sans en payer l'impôt*, celles qui lui seraient *presque superflues*. Or, la voiture non attelée, celle qui n'a pas son cheval, restant presque constamment sous la remise, comme une presque superfluité, ne doit pas être sujette à l'impôt, à moins qu'il n'y ait eu un amendement, dans la discussion de la loi, qui en ait changé l'esprit. Or, rien de semblable n'a eu lieu; donc les mêmes motifs existent, après comme avant, pour que la voiture non attelée soit exempte de l'impôt.

» Qu'importe que la voiture soit frappée d'un droit particulier et le cheval d'un autre? La déduction rigoureuse de ces tarifs différents n'est pas que toute voiture soit sujette à l'impôt. Autrement il y aurait un pléonasme dans le texte de la loi, puisque la voiture *attelée* implique l'idée du cheval attaché à la voiture et que le mot cheval, qui vient après, ne s'applique et ne peut s'appliquer qu'au cheval de selle ou d'agrément, dont le propriétaire peut disposer, en dehors de ses chevaux d'attelage.

» C'est cependant sur cette différence des tarifs, s'appliquant au cheval et à la voiture séparément, que l'on se base pour décider que la voiture non attelée doit payer, comme si l'impôt n'atteignait que le cheval d'attelage! C'est évidemment se méprendre, en s'écartant du texte et de l'esprit de la loi.

» Que l'on pose cette question : « Y a-t-il identité entre une » voiture attelée et une qui ne l'est pas? » On devra répondre, sans hésitation, non. C'est aussi l'avis du conseil d'État, invoqué dans l'exposé des motifs précité, sur l'application de la loi de 1836. Jamais, depuis cette loi, le propriétaire d'une voiture non attelée n'a été imposé à la prestation pour cette voiture. Donc, il ne saurait pas plus l'être à la nouvelle taxe. »

Il n'est pas difficile de démontrer que l'analogie puisée dans la loi du 21 mai 1836, qui a échappé au rédacteur de l'exposé des motifs, n'a aucune espèce de fondement. L'impôt en nature relatif aux chemins vicinaux est demandé par *personne*, *charrette* ou *voitures attelées*, par *chacune des bêtes de somme*, etc., parce que tout cela peut servir à porter des matériaux ou à travailler à la confection des chemins. Mais à quoi pourrait servir une voiture sans chevaux ? Pouvait-on permettre que la commune dît au propriétaire d'une voiture : *Nous allons envoyer un cocher et un cheval, et nous nous servirons de votre voiture?* Le propriétaire eût répondu avec raison que c'eût été une véritable inquisition, et il se serait élevé de continuelles discussions sur les prétentions du propriétaire disant qu'on a détérioré sa voiture, etc., tandis que pour l'application de la loi du 2 juillet 1862, on dit au propriétaire : Vous avez une voiture; payez. Mais je n'ai pas de chevaux, vendez-la. Autrement, il suffira au propriétaire d'une voiture de changer de cheval tous les ans en vendant le cheval, le 30 décembre, et en en achetant un le 2 janvier, pour éviter le paiement de toute espèce d'impôt, sans qu'on puisse lui imputer une fraude, comme celle dont j'ai parlé à ce mot, *suprà*, p. 26.

M. DESHAIRES, p. 13 et suiv., signale avec énergie ce qu'il appelle une *contradiction la plus inattendue, la plus choquante,* dans l'instruction qui, dit-il, se substitue à la loi, et procède par voie d'extension et d'interprétation, ce qui ne peut être admis en matière fiscale, où tout est de droit étroit...

Comme cet estimable auteur s'est étudié à repousser l'idée d'*impôt somptuaire*, il fait remarquer que l'instruction méconnaissant ce principe, fait apparaître une *voiture de luxe,* trainée par un cheval attaché à l'agriculture, et il conclut en ces termes :

« Evidemment, de semblables assertions ne peuvent servir d'assiette à un impôt. Là où il faut quelque chose de fixe, de précis, on se trouve lancé dans le domaine des conjectures et des suppositions, et on ne rencontre que des objections sans solution.

» Donc, à notre avis, énoncer de telles difficultés, c'est les résoudre ; et nous ne pensons pas que l'on puisse sérieusement songer à imposer *des voitures non attelées* ou qui pourront l'être très accidentellement dans le cas prévu par l'instruction. »

M. GALLETIER, p. 7 et 8, nos 1 et 5, paraît admettre que celui qui ne se sert de sa voiture qu'en louant un cheval n'est pas sujet à l'impôt pour cette voiture... « De même, ajoute-
» t-il, celui qui loue une voiture attelée, pour un mois, six
» mois, ou une année, ne peut être davantage considéré
» comme propriétaire de l'objet imposable. Une disposition
» en sens contraire, proposée par le conseil d'Etat, a été
» repoussée du projet définitif. »

Cette dernière réflexion n'est pas contestable.

Que décider, *in terminis*, au milieu de cette controverse qui révèle de grandes obscurités, et, ce qui est plus grave, de véritables contradictions dans les instructions aussi peu claires que la loi elle-même ?

Il faut demander franchement, loyalement, quelle a été l'assiette du nouvel impôt ?

Toute voiture que possède un propriétaire. Est-ce qu'un propriétaire conserve une voiture dont il ne veut pas se servir ? Ce serait de l'argent mort, et l'intérêt, chaque année, viendrait déprécier la valeur de l'objet conservé inutilement.

L'expression *voiture attelée* n'est ni claire, ni intelligible ; pour la faire comprendre, on a besoin de se reporter à une loi qui n'est nullement identique. Il faut dire que cette définition n'a aucune portée et se rattache à l'article 5 contenant le tarif ou tableau de l'impôt qui porte *par voiture, tant.*

Je suppose que la Cour de cassation fût appelée par la loi

à connnaître des décisions relatives à cet impôt, comme à celui sur l'enregistrement.

Pourrait-elle casser une décision qui, se fondant sur le tarif établi par l'article 5 de la loi, *par voiture*, aurait maintenu l'impôt demandé pour *une voiture?* La négative est évidente.

On trouvera peut-être bien sévère l'interprétation que je donne à la loi, car elle frappe, non seulement le propriétaire d'*une voiture* qui se sert de chevaux de louage, celui qui emploie des chevaux consacrés à l'agriculture, celui qui a plusieurs voitures et se sert alternativement de l'une ou de l'autre, quoiqu'il n'ait pas assez de chevaux pour les faire marcher toutes à la fois.

Je crois ainsi respecter le but et l'esprit de la loi.

Mais qu'on veuille bien ne pas perdre de vue que je serais aussi large que possible, pour comprendre dans l'exemption, toute voiture qui servirait à autre chose qu'au service personnel du propriétaire. — Voy. *suprd*, p. 41.

Voy. *Louage; Voiture.*

Voiture suspendue. — Voy. *Voiture.*

Section Troisième.

Instruction de M. le Directeur général des contributions directes, approuvée par M. le ministre des finances.

§ 1er. — *Définition de la matière imposable.*

1. — La matière imposable qui doit servir de base à la contribution nouvelle, créée par l'article 4 de la loi du 2 juillet 1862, ne comprend pas toutes les voitures ou tous les chevaux dont on peut avoir la possession ou la libre disposition. Elle ne consiste que dans les voitures et les chevaux dont le possesseur fait usage pour son service personnel, c'est-à-dire pour sa commodité, son plaisir ou son agrément, ou pour le service personnel de sa famille. Elle doit, dès-lors, être envisagée, non sous un aspect d'objet de luxe, mais comme un signe nouveau qui complète, avec les portes et fenêtres et le loyer d'habitation, l'expression des facultés mobilières des contribuables, et le fait de la taxe sur les voitures et les chevaux un supplément de la contribution personnelle et mobilière bien plutôt qu'une contribution somptuaire qui sortirait du caractère général de nos impôts.

2. — La contribution dont il s'agit ne peut être établie sur les voitures et les chevaux exclusivement employés au service de l'agriculture ou d'une profession donnant lieu à l'application de la patente (*n° 3 de l'article 7 de la loi*), ni même sur les voitures et les chevaux qui, servant à l'usage personnel du propriétaire, seraient aussi employés en partie pour le service de l'agriculture ou de la profession sujette à patente (*article 6 de la loi*). Ainsi le cultivateur et le propriétaire faisant valoir son bien ne seront point imposés pour les voitures et les chevaux qu'ils emploient à leur usage personnel, s'ils s'en servent aussi pour l'exploitation agricole ou seulement pour se transporter aux foires et aux marchés ou dans la ville voisine pour les affaires de l'agriculture. Il en sera de même du cheval et de la voiture d'un boulanger, d'un boucher, d'un meunier, d'un colporteur, etc., lorsque ce cheval et cette voiture seront

employés pour le commerce et quelquefois pour le plaisir ou
l'agrément du possesseur ou de sa famille; du cheval et de la
voiture d'un médecin, d'un notaire, d'un huissier, lorsque le
propriétaire les utilisera pour l'exercice de sa profession et
pour son service personnel.

3. — Si cependant une profession sujette à patente n'exigeait
pas réellement, soit par sa nature, soit par la manière dont
elle serait exercée, l'emploi d'un cheval ou d'une voiture,
comme par exemple, la profession des banquiers, des avocats,
des notaires de ville dont les fonctions s'exercent principalement en l'étude, etc., les voitures et les chevaux dont ces
personnes font usage pour leur service personnel devraient être
imposés, bien que les possesseurs payassent une patente.
A plus forte raison, il en serait de même pour les voitures et
les chevaux que la personne sujette à patente posséderait au
delà du nombre de ceux que peut exiger l'exercice de la profession, en admettant, bien entendu, qu'ils soient employés au
service personnel du possesseur, car, en dehors de cette condition, aucune voiture et aucun cheval ne sont imposables.

4. — Ne donnent pas lieu non plus au payement de l'impôt,
les chevaux et les voitures possédés en conformité des règlements du service militaire ou administratif et par les ministres
des différents cultes (*n° 1 de l'article 7 de la loi*). L'application de
cette exemption ne peut présenter de difficultés. Elle est
absolue en ce qui concerne les prêtres, les évêques, archevê-
ques et, en général, les ministres des différents cultes; ils ne
sont imposables pour aucun des chevaux ou des voitures qu'ils
peuvent employer. Quant aux fonctionnaires les règlements
déterminent avec précision l'étendue de l'exemption dont ils
doivent jouir, et elle ne peut, pour aucun d'eux, être portée
au delà des limites légales; ils seraient donc imposables pour
les chevaux et les voitures qu'ils auraient au-dessus des nombres
réglementaires.

5. — Sont également exempts de la taxe les juments et les
étalons exclusivement consacrés à la reproduction (*n° 2 de
l'article 7 de la loi*). Si ces animaux étaient employés comme
chevaux de selle ou d'attelage pour le service personnel du
possesseur, celui-ci serait mal fondé à prétendre qu'ils doivent

jouir de l'exemption, puisqu'ils ne serviraient pas *exclusivement* à la reproduction, ainsi que le veut la loi ; toutefois, si les mêmes animaux étaient aussi employés pour les travaux de l'agriculture ou d'une profession donnant lieu à l'imposition d'une patente, cette circonstance, qui entraîne toujours l'exemption, les ferait rentrer dans les exceptions prévues par l'article 6.

6. — La loi ne parlant point de l'âge des chevaux imposables, on doit assujettir à la taxe tous les chevaux, jeunes ou vieux, qui, en dehors des cas d'exception, sont employés au service personnel du maître ou de sa famille ; cependant le propriétaire qui ne monterait ou n'attellerait de jeunes chevaux destinés à la vente que dans le but de développer leurs forces et de les dresser ne serait point imposable à raison de ces faits.

Les agents ne perdront pas de vue que les faits à prendre en considération, soit pour l'imposition, soit pour l'exemption, doivent avoir, pour être valables, une certaine permanence ou fréquence de répétition qui les rende notoires, leur donne le caractère de *fait habituel* et les fasse ainsi sortir de la catégorie des faits purement accidentels dont il n'y a jamais à tenir compte.

7. — L'application de la loi demande, en ce qui concerne les voitures, quelques explications particulières. On ne doit les imposer, même lorsqu'elles ont le caractère incontestable de voitures de luxe, qu'autant qu'on peut les considérer comme *voitures attelées*, c'est-à-dire, ainsi qu'on doit l'entendre d'après l'exposé des motifs et la discussion de la loi, celles que le même propriétaire peut atteler *simultanément*. On n'imposerait donc qu'une seule voiture à celui qui n'aurait qu'un cheval, alors même qu'il aurait deux ou un plus grand nombre de voitures qu'il attellerait alternativement ; on n'imposerait également au propriétaire de deux chevaux qu'une voiture, bien qu'il en eût plusieurs, si chacune de ses voitures ne pouvait être attelée qu'au moyen de deux chevaux. Cependant tout en respectant l'intention qu'a eue le législateur de ne faire imposer que les voitures pouvant être attelées simultanément, on devra toujours imposer la taxe la plus élevée dans le cas d'emploi de nombres différents de voitures avec le même nombre de chevaux. Ainsi, le propriétaire

ayant deux chevaux et trois voitures serait imposé pour deux voitures et deux chevaux, et non pour une voiture et deux chevaux, s'il attelait tantôt ses deux chevaux à une seule voiture et tantôt deux de ces voitures avec un seul cheval chacune.

8. — Enfin, bien que les voitures attelées soient seules imposables, on fera remarquer que les taxes énoncées au tarif comme applicables aux voitures comprennent, non une somme indivisible due pour l'équipage entier, mais la somme particulière qui est afférente à la voiture prise isolément. Il faut par conséquent, pour établir l'impôt dû par un contribuable chez qui l'on trouverait les deux éléments de cotisation, faire deux applications de tarif, l'une aux voitures, l'autre aux chevaux, et réunir ensuite les deux produits.

9. — Il résulte de ce qui précède qu'un contribuable possesseur de voitures qu'il n'attellerait qu'avec des chevaux non passibles de la taxe, tels que les chevaux employés exclusivement ou en partie à l'agriculture, à l'exercice d'une profession sujette à patente, etc., devrait cependant être imposé, s'il faisait usage de ces voitures pour son service personnel ou celui de sa famille; mais on ne lui appliquerait que la taxe afférente aux voitures.

10. — Dans aucun cas, on ne doit imposer ni les voitures ni les chevaux qui sont pris en location chez les loueurs, bien que ces voitures et ces chevaux soient affectés au service personnel de celui qui les emploie; mais on devrait imposer, au nom de la personne qui en ferait usage, s'ils avaient la même affectation, les chevaux et les voitures que des parents, des amis ou des particuliers auraient mis, même à titre gratuit, à la disposition de cette personne pour en jouir comme le propriétaire, ainsi qu'on jouit, par exemple, des meubles d'une maison louée en garni.

§ 2. *Indication de la durée de l'imposition et du lieu où elle doit être établie.*

11. — La contribution sur les voitures et les chevaux ne doit être assise qu'à partir du 1er janvier 1863 (*article 4 de la loi*).

Elle est annuelle (*même article*).

Elle est due pour l'année entière et doit être établie à raison des faits existants au 1er janvier de chaque année (*article 9 de la loi*). Par conséquent, elle n'est point due pour les chevaux et les voitures dont on ne commencerait à se servir que dans le courant de l'année : ces chevaux et ces voitures ne seront imposables, si la possession en est continuée, qu'à partir du 1er janvier de l'année suivante.

12. — Mais, en cas de changement de résidence, il y a un supplément de taxe à percevoir pour les chevaux et les voitures possédés à la date du 1er janvier, si la population de la commune de la nouvelle résidence rend le possesseur passible d'une taxe supérieure à celle pour laquelle il a été imposé au 1er janvier (2e *alinéa de l'article 9 de la loi*).

13. — L'assiette et le recouvrement de l'impôt sur les chevaux et les voitures devant avoir lieu, d'après l'article 13 de la loi, comme en matière de contributions directes, le supplément devra, de même que pour les patentes, être calculé à partir du 1er du mois dans lequel le changement de domicile aura eu lieu.

14. — Lorsqu'un propriétaire n'a qu'une résidence, sa cotisation doit être établie, quelles que soient les communes qu'il fréquente avec ses chevaux et ses voitures, d'après le tarif de la commune de sa résidence, et elle doit être inscrite au rôle de la même commune.

15. — Si le propriétaire a plusieurs résidences et s'il a des chevaux ou voitures restant habituellement attachés à chacune ou à quelques-unes de ses résidences, ils doivent être imposés distinctement dans les communes des résidences auxquelles ils sont attachés, suivant les taxes afférentes à ces communes.

16. — Si le même propriétaire avait des voitures et des chevaux qui le suivissent habituellement dans plusieurs de ses résidences, on leur appliquerait les taxes afférentes à celle des communes des résidences fréquentées dont la population serait la plus élevée, et on inscrirait les taxes ainsi établies dans le rôle de la commune où le propriétaire serait imposé ou imposable à la contribution personnelle, conformément à l'article 13

de la loi du 21 avril 1832, c'est-à-dire dans celle où il aurait son domicile réel (*article 10 de la loi*).

17. — S'il arrivait que le contribuable se trouvât imposé par erreur à la taxe personnelle dans plusieurs communes, ou s'il était imposé à cette taxe dans une commune et à la contribution mobilière dans une autre commune dont une partie du contingent serait acquittée par la caisse municipale, conformément à l'article 20 de la loi du 21 avril 1832, ce qui permettrait de considérer la taxe personnelle comme étant aussi payée dans cette commune, on rechercherait avec soin les faits et circonstances constituant le domicile réel, et on imposerait, dans la seule commune de ce domicile, les chevaux et les voitures qui ne seraient point attachés à une résidence fixe. Il conviendrait, toutefois, avant de rien arrêter, de prendre des informations dans les différentes communes et même auprès du contribuable, au moyen de communications opérées dans la forme prescrite par les articles 31, 89, 90, 91 et 109 de l'instruction générale sur les patentes, du 31 juillet 1858; si ces communications devaient trop retarder la confection du rôle, on pourrait ajourner le règlement de la taxe qui en serait l'objet, et l'inscrire plus tard sur un rôle supplémentaire.

18. — Pour l'établissement des taxes supplémentaires prévues par l'article 9 de la loi (12 et 13), on suivra les règles ci-après :

Les taxes ne porteront que sur la différence des tarifs de la nouvelle et de l'ancienne résidence, et elles ne seront calculées que pour le nombre de mois de l'année restant à courir à partir du commencement du mois dans lequel la nouvelle résidence aura été prise.

Si le contribuable transfère sa résidence d'une commune où il avait des voitures ou des chevaux en permanence dans une commune d'une catégorie de population plus élevée, et dans laquelle il transporte, pour y rester aussi en permanence, les objets pour lesquels il était imposé dans l'ancienne résidence, le supplément de taxe, calculé à raison de la population de la commune de la nouvelle résidence, sera imposé dans cette dernière commune.

Si le contribuable, sans abandonner son ancienne ou ses

anciennes résidences, en prend une nouvelle dans une commune d'une population donnant lieu à augmentation de taxe, et s'il s'y fait suivre par des chevaux ou des voitures déjà imposés, qui n'y demeureront point en permanence, mais qui feront alternativement leur service dans les anciennes et dans la nouvelle résidence, le supplément de taxe, bien que calculé d'après la population de cette dernière résidence, sera imposé dans la commune du domicile réel, quelle qu'elle soit. (*Voir, à la suite de la présente instruction, des exemples fictifs pour l'application des dispositions ci-dessus.*)

§ 3 — *Constatation de la matière imposable et rédaction des états-matrices de rôle.*

19. — Les contribuables sont tenus de faire la déclaration des voitures et des chevaux en raison desquels ils sont imposables, et d'indiquer les différentes communes où ils ont des habitations, en désignant celles où ils ont des éléments de cotisation en permanence (*1er alinéa de l'article 11 de la loi*). L'accomplissement de cette obligation donnera à l'administration le moyen le plus efficace de connaître la matière imposable, et d'établir avec exactitude les états-matrices destinés à servir de base à la confection des rôles.

20. — Les déclarations sont valables pour toute la durée des faits qui y ont donné lieu (*2e alinéa du même article*); mais elles doivent être modifiées dans le cas de changement de résidence hors de la commune ou du ressort de la perception, et dans le cas de modifications survenues dans les bases de cotisation (*suite du même alinéa*). Les déclarations seront faites ou modifiées, s'il y a lieu, *le 15 janvier*, au plus tard, de chaque année, à la mairie de l'une des communes où les contribuables ont une résidence (*3e alinéa du même article*).

21. — Il résulte de ces dispositions que les déclarations peuvent être faites à toute époque de l'année, et dans une commune au choix de l'imposable, pourvu qu'il y ait une résidence. Il en résulte également que les déclarations ayant pour objet l'assiette des taxes annuelles (celles qui sont établies sur la matière imposable existant au 1er janvier), ne sont uti-

lement faites pour les déclarants qu'avant le 16 janvier de l'année dont il s'agit d'établir l'impôt. Les déclarations faites postérieurement ne dispenseraient point ceux qui les auraient faites des peines prononcées par la loi contre les contribuables qui n'ont point fait de déclarations qu'après les délais fixés (22, 25, 39).

22. — Quant aux déclarations motivées par l'acquisition d'une matière imposable nouvelle faite après le 1er janvier, par des modifications survenues dans la matière imposable ancienne ou par des changements de résidence, ces déclarations, faites dans le courant de l'année, sont valables, pour l'assiette des taxes de l'année suivante et pour l'assiette des suppléments de taxe à établir dans l'année courante. Toutefois, les déclarations des faits entraînant des suppléments de l'espèce doivent avoir lieu dans les quinze jours de la date des faits, sous peine, en cas d'omission ou de retard, du doublement des taxes, comme pour l'omission ou le retard des déclarations relatives à l'assiette des taxes primitives (25, 39). En effet, si le législateur a voulu que les déclarations relatives à ces dernières taxes ne fussent pas retardées au delà de quinze jours après l'époque qui sert de point de départ pour l'assiette de l'impôt, on doit en conclure qu'il n'a pas voulu accorder, pour la déclaration des faits entraînant des suppléments de taxes, plus de quinze jours après l'accomplissement de ces faits.

23. — L'impôt devant être, dans certains cas de résidences multiples, établi d'après des faits étrangers à la commune où il sera perçu, les propriétaires de chevaux et de voitures imposables devront comprendre dans une même déclaration tous les éléments de cotisation qu'ils posséderont dans différentes communes, en donnant d'ailleurs toutes les indications prescrites par l'article 11 de la loi (19, 20). L'unité de déclaration, qui est ici recommandée aux contribuables, réduit leurs démarches autant que possible, et elle a pour eux l'avantage de prévenir les méprises qui pourraient être commises, s'ils étaient tenus de faire une déclaration spéciale dans chaque commune où ils se croiraient imposables.

24. — Les déclarations seront faites sur des formules conformes au modèle n° 1. Il sera mis à la disposition des maires et

des contrôleurs des contributions directes un nombre suffisant de ces formules, pour qu'ils puissent en remettre gratuitement un exemplaire à tout propriétaire imposable qui leur en fera la demande.

Les déclarations seront déposées par les déclarants à la mairie de l'une des communes, à leur choix, où ils ont une résidence. Le maire constatera la date du dépôt, et détachera de la formule sur laquelle la déclaration aura été faite un coupon qu'il remettra au déclarant, à titre de récépissé, après y avoir inscrit le contenu de la déclaration. Il conservera les étalons des déclarations pour en faire l'usage qui sera indiqué ci-après.

25. — Chaque année, à partir de 1862, le préfet rappellera aux contribuables, dans le mois de novembre, ou dans les premiers jours de décembre, au plus tard, par un avis inséré au recueil des actes de la préfecture et par des affiches qui seront apposées et publiées dans toutes les communes, les obligations que la loi leur impose. Il sera fait, dans l'avis et dans les affiches, une mention spéciale des époques auxquelles doivent avoir lieu les déclarations, et de l'application d'une double taxe dans les cas où elles auraient été omises, faites hors des délais ou seulement faites d'une manière inexacte ou incomplète.

Le préfet prescrira en même temps aux maires les autres dispositions à faire pour l'exécution de la loi.

26. — Le 16 janvier 1863, les maires adresseront aux directeurs des contributions directes les déclarations qu'ils auront reçues (24).

Chaque année, à partir de 1864, et à la même date, ils leur adresseront les déclarations reçues depuis le 15 janvier de l'année précédente.

Les maires des communes où il n'aura point été fait de déclaration enverront au directeur un certificat négatif. Lorsqu'il y aura lieu, ils joindront à leurs envois un bordereau indiquant le nom de chacun des déclarants et le numéro de sa déclaration. Ils garderont copie de ce bordereau, afin de pouvoir continuer, sur les déclarations qu'ils recevraient, pendant que celles qui auraient été envoyées aux directeurs seraient encore entre les mains de ces fonctionnaires, la série continue des numéros d'ordre que devront présenter toutes les déclarations déposées dans une même mairie.

27. — Le directeur des contributions directes fera immédiatement le dépouillement des déclarations qui lui auront été transmises. Il en extraira, sur les bulletins conformes au modèle n° 2, les renseignements qui pourront être utiles, pour l'assiette ou pour la vérification de l'assiette de l'impôt, dans d'autres communes que celles où les déclarations auront été reçues. Il transmettra à ses collègues les extraits se rapportant à des communes étrangères au département.

Après ces opérations, le directeur classera, par contrôle : 1° les déclarations envoyées par les maires, en les considérant comme ne concernant que la commune où elles ont été déposées (24); 2° les extraits qu'il aura rédigés pour des communes de son département; 3° ceux qu'il aura reçus des autres départements. Il dressera un itinéraire pour les contrôleurs, et leur prescrira, après avoir donné aux maires connaissance de l'itinéraire, de se rendre immédiatement dans les communes, afin d'y rédiger les états-matrices devant servir de base à la confection des rôles.

28. — L'itinéraire sera réglé de manière que les rôles puissent être confectionnés et mis en recouvrement dans les premiers jours du second trimestre. L'itinéraire ne comprendra que les communes pour lesquelles il aura été déclaré de la matière imposable. Le contrôleur procédera, s'il y a lieu, à la rédaction d'états-matrices supplémentaires dans les autres communes, pendant la tournée des mutations.

29. — Le directeur enverra à chaque contrôleur les déclarations et les extraits qui le concernent. Il y joindra, après 1863, les états-matrices de l'année antérieure, et il comprendra, dans l'itinéraire rédigé conformément au n° 27, les communes auxquelles ces états se rapportent.

Le contrôleur se transportera dans les communes, muni de ces pièces; il y vérifiera les déclarations; il les confrontera avec les renseignements qu'il aura pu recueillir et avec ceux qui lui seront fournis par l'autorité municipale; il suppléera d'office aux déclarations qui n'auraient pas été faites ou qui seraient inexactes ou incomplètes, en se conformant d'ailleurs aux recommandations contenues dans le n° 17 de la présente instruction ; enfin il rédigera l'état-matrice conformément au modèle n° 3, de concert avec le maire et les répartiteurs (*4ᵉ alinéa de l'article 11 de la loi*). Le contrôleur mentionnera sur les déclarations et sur les extraits n° 2 les rectifications qu'il aura été dans le cas d'y opérer d'office et l'usage qu'il aura fait de ces pièces pour la rédaction des états-matrices.

30. — Le contrôleur enverra immédiatement à la direction son travail, accompagné des états-matrices de l'année précédente, et des pièces justificatives qu'il jugerait utile d'y joindre (33). Avant de quitter la commune, il remettra au maire, après les avoir classées dans l'ordre de leurs numéros et enliassées dans la forme du talon des registres à souche, les déclarations qui avaient été communiquées au directeur des contributions directes. Il recommandera au maire de veiller avec beaucoup de soin à la conservation de ces pièces.

31. — Le contrôleur ne négligera aucune occasion de recueillir des renseignements sur la matière imposable, afin de découvrir et de constater les éléments des cotisations qu'il pourrait y avoir lieu d'imposer dans les communes pour lesquelles il n'aurait point été fait de déclarations. Il rédigera, pendant la tournée ordinaire des mutations, en se conformant d'ailleurs à toutes les prescriptions et recommandations ci-dessus, les états-matrices nécessaires pour la confection des rôles supplémentaires.

32. — Le contrôleur profitera, en outre, de tous les voyages qu'il aura à faire dans les communes (tournées spéciales de patentes, vérifications de portes, instruction de réclamations, etc.) pour dresser les états-matrices supplémentaires nécessaires à la réparation des omissions et à l'assiette des compléments de taxe résultant des changements de résidence, dans les cas énoncés aux n°ˢ 12 à 18 de la présente instruction. On rappelle encore ici, toutefois, que la simple augmentation dans le nombre de chevaux et des voitures, survenue après le 1ᵉʳ janvier, ne donne lieu à cotisation qu'à partir de l'année suivante (11).

Les états-matrices supplémentaires seront dressés sur des cadres conformes au modèle n° 4.

33. — Il est recomm... dé d'une manière particulière au contrôleur de consigner dans les colonnes des états-matrices à ce destinées toutes les indications, observations et explications nécessaires pour justifier ses propositions, notamment en ce qui concerne les doubles taxes, et pour mettre le directeur à portée de donner un avis bien motivé en cas de contestation par les répartiteurs. Il devrait même, s'il prévoyait quelques difficultés sérieuses, joindre à l'état matrice les notes, rapports et renseignements détachés qui lui paraîtraient propres à faciliter la solution des difficultés.

34. — Le contrôleur adressera au directeur des certificats ou des états négatifs pour les communes dans lesquelles il n'y aurait eu, en définitive, aucune taxe à établir.

35. — Toutes les fois que le contrôleur trouvera, dans les communes où il aura à s'occuper de l'assiette de l'impôt sur les voitures et les chevaux, des déclarations faites postérieurement au 15 janvier qui lui paraîtraient susceptibles de donner lieu à établissement de taxes pour l'année courante, il en fera lui-même, pour les communes étrangères à son contrôle, des extraits conformes au modèle n° 2, qu'il enverra immédiatement au directeur, pour que celui-ci leur donne la destination indiquée au n° 27 ci-dessus.

Il inscrira également sur des bulletins semblables les voitures et les chevaux non déclarés par les contribuables, qu'il aurait pu porter d'office sur les états-matrices, lorsque ces voitures et ces chevaux existeront en permanence ou suivront seulement le propriétaire dans des résidences qui ne dépendront point de la division de contrôle. L'accomplissement de ces dispositions mettra tous les agents à même de connaître et de suivre, dans toute l'étendue de leur circonscription, les éléments de la contribution nouvelle, alors même que ces éléments n'y seraient point imposés; ils se trouveront ainsi à portée de prévenir ou de réprimer les fraudes et les dissimulations.

Pour faciliter l'accomplissement de ces dispositions, les maires donneront avis aux contrôleurs de celles des déclarations faites après le 15 janvier qui donneraient lieu à l'établissement de rôles supplémentaires. Cet avis sera adressé aux contrôleurs, immédiatement après le dépôt des *déclarations à la mairie.*

36. — L'inspecteur des contributions directes surveillera le travail des contrôleurs.

Il vérifiera les états-matrices dans les communes où il aura à se transporter pour la vérification du travail des mutations. Il constatera les résultats de ses vérifications dans des rapports spéciaux qui seront rédigés dans la forme prescrite par la circulaire du 1e février 1854, n° 317. Ces rapports seront transmis à l'administration, aux mêmes époques que les rapports relatifs à la tournée des mutations.

37. — Indépendamment des vérifications ci-dessus mentionnées, l'inspecteur profitera de ses tournées et de toute occasion opportune pour recueillir les faits et renseignements qui lui paraîtront propres à contribuer à l'amélioration de l'assiette de l'impôt sur les voitures et les chevaux. Il classera ces renseignements par commune, et les transmettra, au moyen de bulletins, au directeur des contributions directes, qui les fera parvenir, avec ses observations, s'il y a lieu, aux contrôleurs chargés de les utiliser. Dans tous les cas, ces derniers agents rendront compte au directeur de la suite qu'ils auront donnée aux renseignements recueillis par l'inspecteur.

§ 4. — *Confection et émission des rôles. — Réclamations et mesures d'ordre diverses.*

38. — Le directeur des contributions directes vérifiera les états-matrices aussitôt qu'ils lui auront été transmis. Il les fera régulariser, s'il y a lieu. En cas de contestation entre le contrôleur, le maire et les répartiteurs, il examinera attentivement les observations consignées sur les états, ainsi que les pièces et renseignements qui pourront y avoir été annexés pour éclaircir les difficultés (33). Après avoir entendu le contrôleur et, au besoin, fait recueillir de nouveaux renseignements par l'inspecteur, il adressera au préfet son avis motivé sur les points en contestation. Cet avis sera rédigé en forme de tableau (modèle n° 5).

Lorsque le préfet ne croira pas devoir adopter les propositions du directeur, il en référera au Ministre des finances, et en informera le directeur, qui sursoira à l'établissement des taxes pour les articles contestés. Si la décision du Ministre n'était pas connue avant l'époque où il serait nécessaire de confectionner les rôles, le directeur s'abstiendrait d'y porter les articles contestés, sauf à les comprendre ultérieurement dans un rôle supplémentaire.

39. — Lorsque ces opérations seront terminées, le directeur appliquera aux bases de cotisation arrêtées le tarif légal, en ayant soin de tenir compte des dispositions de l'article 12 de la loi, qui veut que les taxes soient doublées pour les voitures et les chevaux qui n'auraient pas été déclarés ou qui auraient été déclarés d'une manière inexacte.

Une liste alphabétique des communes au-dessus de 3,000 âmes, placée à la suite de la présente instruction, fera connaître aux agents le tarif applicable aux éléments de cotisation provenant de communes étrangères à leurs circonscriptions. Ils ne perdront pas de vue que le même tarif est applicable à toutes les parties de la même commune, sans distinction de la ville et de la banlieue. Il n'y a d'exception à cet égard que pour les communes annexées depuis 1852 aux villes de Lyon, de Lille et de Paris, ces communes devant, aux termes des lois et décrets d'annexion, conserver les tarifs applicables à leur population pendant un temps qui est indéterminé pour les deux premières villes, et qui doit expirer pour la troisième en 1865. Les localités jouissant de ces exceptions sont indiquées à la suite de la liste des communes au-dessus de 3,000 âmes.

40. — Le directeur ajoutera aux taxes établies d'après le tarif les centimes additionnels pour fonds de non-valeurs (1) et, à chaque cote, les frais d'avertissement; puis il procédera à l'expédition des rôles, en se servant, s'il s'agit d'un rôle primitif, d'imprimés conformes au modèle n° 6, et, s'il s'agit d'un rôle supplémentaire, d'imprimés conformes au modèle n° 7.

Les avertissements seront rédigés sur des imprimés modèle n° 8, lorsqu'ils se rapporteront à un rôle primitif, et sur des imprimés modèle n° 9, lorsqu'ils se rapporteront à un rôle supplémentaire.

____

(1) 5 centimes en 1863.

41. — Le directeur présentera les rôles, certifiés par lui, à l'homologation du préfet, et, lorsqu'ils auront été arrêtés par ce magistrat, il les transmettra, avec les avertissements, aux agents du recouvrement, en suivant la marche tracée par les instructions relatives aux contributions directes.

42. — Le directeur se conformera aux mêmes instructions pour la rédaction et la transmission des avis d'émission et des états du montant des rôles, tant primitifs que supplémentaires.

Ces pièces seront établies sur des imprimés conformes aux modèles n°° 10 et 11.

43. — Chaque année, en transmettant à l'administration le résumé définitif des rôles, le directeur rendra compte de l'application de la loi du 2 juillet 1862, en ce qui concerne l'impôt objet de la présente instruction. Il signalera dans son rapport les faits les plus remarquables qui se seront présentés, les difficultés rencontrées, les moyens par lesquels elles auront été surmontées, ainsi que le degré de zèle et d'intelligence dont les agents auront fait preuve. Enfin il fera ressortir, en donnant à ce sujet toutes les explications convenables, la comparaison des produits de l'impôt de l'année précédente avec ceux de l'année courante. Les résultats obtenus seront en outre mentionnés au compte administratif, dans un chapitre auquel on donnera le n° III *bis*.

44. — Les rôles seront publiés et recouvrés et les réclamations seront présentées, instruites et jugées comme en matière de contributions directes. Les règles concernant les patentes seront, toutefois, plus particulièrement appliquées à la contribution sur les voitures et les chevaux.

45. — On remarquera que l'attribution d'une partie de l'impôt aux communes, qui n'est que de 8 p. % en ce qui concerne les patentes, est porté à 10. p. % pour la contribution nouvelle ; mais cette dernière attribution n'est due que pour le principal des cotes qui rentrent au Trésor : l'article 8 de la loi ne veut point qu'elle soit prélevée sur le principal des sommes qui seront allouées en dégrèvement, soit à titre de décharges et de réductions, soit à titre de remises et de modérations.

Pour remplir le but de cette disposition, sans tomber dans l'inconvénient que le retard du jugement des réclamations pourrait amener dans le règlement de la somme revenant définitivement aux communes, on fera d'abord compte à celles-ci de la totalité de leurs attributions, de la même manière que pour les patentes, et on leur fera ensuite restituer sur les produits de la caisse municipale, au lieu de l'imputer sur le fonds de non-valeurs, la portion des dégrèvements représentant le dixième du principal revenant à la commune. A cet effet, il sera fait sur les ordonnances de dégrèvement une division des cotes ou portions de cotes accordées en décharge, réduction, remise ou modération, indiquant d'une manière distincte la somme imputable sur le fonds de non-valeurs et celle qui devra être restituée par la caisse communale. (*Les agents recevront ultérieurement les modèles des ordonnances.*)

§ 5. — *Règlement des indemnités.*

46. — Les indemnités accordées aux agents par l'article 13 de la loi, pour les couvrir des frais de l'assiette de l'impôt et de ceux de la confection des rôles et des avertissements, sont réglés ainsi qu'il suit :

Contrôleurs. — Six francs par commune dans laquelle il aura été fait des rôles, et dix centimes par article de rôle.

Directeurs. — Un franc par commune dans laquelle il aura été fait des rôles, et quinze centimes par article de rôle.

47. — Tous les imprimés relatifs à l'assiette de l'impôt sur les voitures et les chevaux sont à la charge du directeur.

§ 6. — *Dispositions transitoires.*

48. — L'administration a besoin, pour être complètement édifiée sur les effets et la portée des dispositions de la loi du 2 juillet 1862 relatives à la contribution nouvelle établie sur les voitures et les chevaux, de quelques renseignements statistiques. Elle prie MM. les directeurs de rechercher ces renseignements, ou de les faire recueillir par leurs collaborateurs, et de les lui transmettre aux époques ci-dessous indiquées :

1° *Aussitôt après le dépouillement des déclarations des propriétaires* (27), *et au plus tard le 5 mars prochain*, un état indiquant le nombre des déclarations faites en exécution de l'article 44 de la loi, et l'impôt qu'elles seront jugées devoir produire. Cet état sera conforme au modèle n° 42.

2° *Après la tournée des mutations et au plus tard le 45 octobre 1863*, un état approximatif du nombre des voitures et des chevaux employés au service personnel du propriétaire, mais exemptés de l'impôt pour les causes énoncées aux articles 6 et 7 de la loi. Cet état, dont les éléments seront recueillis par les contrôleurs dans leurs tournées, sera rédigé conformément au modèle n° 43, et devra présenter l'évaluation, par aperçu, de l'impôt auquel auraient donné lieu les voitures et les chevaux exemptés, s'ils avaient été assujettis à la contribution.

3° *Au moment de l'envoi du résumé général des rôles de 1863*, un tableau présentant, par département et par commune, le montant en principal de la contribution afférente à des éléments de cotisation qui ont été transférés, pour la confection du rôle de la commune où ils étaient passibles de la taxe la plus élevée en raison de la population, dans la commune du domicile réel du contribuable. Ce tableau dont tous les éléments se trouvent dans les états-matrices, sera formé par le directeur et rédigé conformément au modèle n° 44.

Le premier renseignement est destiné à faire connaître les produits probables de l'impôt ; le second est destiné à faire apprécier l'importance des exemptions, et le troisième donnera le moyen de juger quelle est, dans le produit de l'impôt, la part réelle des communes, bien qu'elle soit quelquefois disséminée dans un grand nombre de rôles. L'utilité de ces renseignements est facile à comprendre, et l'administration doit compter qu'ils seront recueillis avec soin et transmis avec exactitude.

49. — S'il arrivait que les contrôleurs rencontrassent quelques cas où ils seraient incertains sur la manière d'appliquer la loi ou la présente instruction, ils en référeraient au directeur, qui leur ferait parvenir ses solutions dont il donnerait connais-

sance à l'administration; au besoin, le directeur la consulterait lui-même.

Les consultations de l'espèce seront faites sous forme de questions écrites à mi-marge et transmises en double expédition; l'un des doubles sera renvoyé avec la solution à l'agent qui aura soumis la difficulté.

Le Directeur général des Contributions directes,
Signé : N. H. DE JANVRY.

APPROUVÉ :
Paris, le 31 octobre 1862.
Le Ministre des finances.
Signé ACHILLE FOULD.

(Suivent les annexes de l'instruction.)

EXEMPLES FICTIFS

Pour l'application des dispositions contenues dans les n°s 11 à 18 de l'instruction du 51 octobre 1862.

M. X a dans la commune A, d'une population de 2,000 âmes, son domicile réel. Il a, dans la même commune, une voiture à deux roues et deux chevaux y restant en permanence.

Il a une seconde résidence dans la commune B, de 4,000 âmes, avec une voiture à quatre roues et deux chevaux restant habituellement attachés à la résidence.

Il a une troisième résidence dans la commune C, de 21,000 âmes, avec une voiture à quatre roues en permanence. Il a dans la même commune une autre voiture à quatre roues et quatre chevaux qui le suivent habituellement dans plusieurs de ses autres résidences.

M. X est imposé au 1er janvier ainsi qu'il suit :

1° Dans la commune A, lieu de son domicile réel, à 118 francs, savoir :

Pour la voiture à deux roues restant en permanence dans cette commune, ci. . . . . 8^f

Pour les deux chevaux qui y restent également en permanence, en raison de 5 francs par cheval, ci. 10   } 18^f

Pour la voiture à quatre roues et pour les quatre chevaux qui le suivent habituellement dans plusieurs résidences, dont l'une est dans la commune C, de 21,000 âmes, à 100 francs, qui se décomposent ainsi :

Une voiture (tarif des communes de 20,001 à 40,000 âmes), ci. . . . . 40^f

Quatre chevaux (15 francs par cheval d'après le même tarif), ci. 60   } 100

TOTAL. 118

2° Dans la commune B, à raison de la voiture à quatre roues et des deux chevaux qui y restent en permanence, à 45 francs, qui se décomposent ainsi :

Une voiture (tarif des communes de 3,001 à 20,000 âmes), ci. . . . . 25ᶠ }
Deux chevaux (10 francs par cheval d'après le même tarif), ci. 20 } 45ᶠ

3° Dans la commune C, à raison de la voiture à quatre roues qui y est en permanence, ci. 40ᶠ

Ces taxes seraient, dans les cas qui vont être indiqués, susceptibles d'être accrues des suppléments ci-après :

1er CAS.

M. X transfère, le 15 avril, sa résidence et son domicile réel de la commune A dans la commune B, et il s'y fait suivre par la voiture à deux roues et les deux chevaux qu'il avait dans la commune A, et qui resteront désormais attachés à la résidence B.

M. X est passible, à raison de ce changement, d'un supplément de taxe de 11 fr. 25 cent. calculé ainsi qu'il suit :

Taxe primitive de la voiture à deux roues et des deux chevaux dans la commune A. 15ᶠ 00ᶜ

Si cette taxe avait été établie dans la commune B, elle aurait été de 30 francs, savoir :

Pour la voiture à deux roues. . . . . 10ᶠ }
Pour les deux chevaux (10 francs chacun). . 20 } 30 00

Différence. 15 00

Dont les 9/12ᵉˢ (9 mois de l'année restant à courir à partir du 1er du mois dans lequel le changement a eu lieu) sont de. 11 25

Cette dernière somme est le montant du complément de taxe à payer. Elle doit être imposée dans un rôle supplémentaire de la commune B, qui donne lieu à l'augmentation et dans laquelle est maintenant le domicile réel de M. X.

2e CAS.

M. X, à partir du 1er juillet, cesse d'avoir une résidence dans la commune B. Il transfère sa voiture à quatre roues de cette commune dans sa résidence de la commune C, où la voiture restera en permanence. Il conserve ses deux chevaux de la commune B, mais ces chevaux le suivront désormais dans ses diverses résidences.

M. X est passible, à raison de ces changements, d'un supplément de taxe de 12 fr. 50 cent. calculé de la manière suivante :

Taxe primitive de la voiture à quatre roues et des deux chevaux dans la commune B. . . . . 45^f 00^e

Si cette taxe avait été établie à raison de la population de la commune C, elle aurait été de 70 francs, ainsi qu'il suit :

Pour la voiture à quatre roues. . . . . 40^f
Pour les deux chevaux (15 fr. par cheval). . . 30 } 70 00

Différence. 25 00
Dont les 6/12es sont de. 12 50

Cette somme est le montant du complément de taxe à payer, mais elle doit être divisée en deux parties :

L'une, de 7 fr. 50 cent. afférente à la voiture à quatre roues, imposable dans la commune C, où cette voiture restera en permanence ;

L'autre, de 5 francs, afférente aux deux chevaux qui avaient été placés en permanence dans la commune B, et qui suivront désormais le propriétaire dans ses diverses résidences. Ces 5 francs sont imposables dans la commune A, où M. X a son domicile réel.

3e CAS.

M. X supprime, le 1er novembre, sa résidence dans la commune B ; il vend la voiture à quatre roues et les deux chevaux qui y étaient attachés. Il prend, à la même date, une résidence nouvelle dans la commune D, de 50,000 âmes, et il se fait suivre dans cette résidence par la voiture à quatre roues et les quatre chevaux qui le suivaient déjà dans ses anciennes résidences.

Par application du principe de l'annualité de l'impôt (n° *11 de l'instruction*), M. X n'a droit à aucune diminution pour la vente de la voiture et des chevaux qu'il avait en permanence dans la commune B; mais il est passible d'un supplément de taxe, à raison du tarif de la commune D devenu applicable, pour deux mois, à la voiture à quatre roues et aux quatre chevaux par lesquels il s'est fait suivre dans cette dernière commune.

Ce supplément doit être ainsi calculé :

Taxe primitive de la voiture et des chevaux établie dans la commune A. 100ᶠ

Si cette taxe avait été établie à raison de la population de la commune D, elle se serait élevée :

Pour une voiture à quatre roues, à. . . . .   50ᶠ }
Pour quatre chevaux (20 fr. par cheval), à.. 80 }   130

Différence.   30

Donnant lieu, pour deux mois, à un supplément de 5 francs, somme égale aux 2/12ᵉˢ de la différence 30 francs.

Ce supplément est imposable dans la commune A, où est le domicile réel de M. X.

Si M. X, au lieu de vendre une partie de ses voitures et de ses chevaux, en avait augmenté le nombre, il n'aurait été susceptible d'aucun accroissement de taxe pour l'augmentation (n° *11 de l'instruction*).

MODELES.

PREMIÈRE PARTIE DU MODÈLE N° 1.

CONTENANT, AVEC DES EXEMPLES FICTIFS, LA FORMULE DE LA PREMIÈRE DÉCLARATION A FAIRE PAR LES CONTRIBUABLES.

EXPLICATION DES EXEMPLES FICTIFS.

M. Prilleux de Juzancourt a quatre résidences, en deux groupes.

Le premier groupe comprend la résidence de Juzancourt, commune du domicile réel de l'imposable, et la résidence de Reims. Ces deux résidences sont fréquentées par les mêmes voitures et les mêmes chevaux (*une voiture à quatre roues, une voiture à deux roues et quatre chevaux*). M. Prilleux a, en outre, à Juzancourt, *une voiture à deux roues et un cheval* exclusivement attachés à cette résidence.

Le deuxième groupe comprend une résidence à Saint-Germain-en-Laye et une résidence à Versailles, fréquentées l'une et l'autre par les mêmes voitures et chevaux (*une voiture à quatre roues et deux chevaux*).

M. Prilleux doit faire la déclaration de ses éléments de cotisation, ainsi qu'il est indiqué d'autre part. On suppose qu'il a choisi la mairie de Juzancourt pour y déposer sa déclaration.

Cette déclaration, faite en temps utile, donnerait lieu à une contribution de 235 francs, en principal, imposable dans la commune de Juzancourt, conformément aux détails ci-après :

1° Pour la voiture à deux roues en permanence dans la commune de Juzancourt, de moins de 3,000 âmes,.. 5ᶠ
Pour le cheval en permanence dans la même commune.......................... 5
    } 10ᶠ

2° Pour les voitures et les chevaux qui suivent habituellement le déclarant dans ses résidences de Juzancourt et de Reims, 155 francs, d'après le tarif applicable à la commune de Reims, dont la population est de plus de 40,000 âmes, savoir :

    1 voiture à quatre roues... 50ᶠ
    1 voiture à deux roues.. 25
    4 chevaux, à 20 francs par cheval...................................... 80
    } 155

3° Pour la voiture et les deux chevaux qui suivent habituellement le déclarant à Saint-Germain et à Versailles, 70 francs d'après le tarif applicable à Versailles, dont la population (32,514 âmes) est la plus élevée des deux communes du groupe, et..... 70

                      TOTAL............................. 235

Si les chevaux et les voitures qui suivent le déclarant dans plusieurs résidences étaient attachés à une seule résidence, ils seraient imposés dans le rôle de la commune de cette résidence et d'après la population de cette commune; mais du moment que les voitures et les chevaux fréquentent plusieurs résidences, on doit les imposer dans la commune du domicile réel et d'après le tarif applicable à celles des communes qu'ils fréquentent dont la population est la plus élevée (*Art. 10 de la loi et nᵒˢ 11 à 18 de l'instruction.*)

N° 1er.   DÉCLARATION POUR L'ANNÉE 1863.

Les numéros des déclarations seront inscrits par le maire au moment de leur dépôt à la Mairie. Ces numéros formeront, à partir de la première année de l'application de la loi, une série non interrompue, et serviront à classer et à enliasser ou relier toutes les déclarations dans l'ordre de leur réception.)

En exécution de l'article 11 de la loi du 2 Juillet 1862,

M. *Prilleux de Juzancourt (Jean-Baptiste), propriétaire,*

Déclare être imposable à la contribution établie sur les voitures attelées et sur les chevaux affectés au service personnel du propriétaire ou au service de sa famille, d'après les bases énoncées dans les réponses aux questions ci-dessous :

(Avant de faire sa déclaration, le déclarant devra lire attentivement, afin de s'y conformer en tout point, les dispositions législatives et réglementaires imprimées au revers de la présente feuille.)

QUESTIONS.	NOMS, lieux dits, ou rues et numéros des résidences.	COMMUNES et départements où sont situées les résidences.	NOMBRE		
			de voitures à 4 roues.	à 2 roues.	de chevaux de selle ou d'attelage.
Quelle est la résidence où vous avez votre domicile réel, c'est-à-dire où vous êtes imposé ou imposable à la contribution personnelle." Combien avez-vous de voitures et de chevaux restant habituellement attachés à cette résidence ?	Le Château-d'En-Bas.	Juzancourt (Ardennes).	"	1	1
Quelles sont vos autres résidences ? (Les indiquer ci-après, chacune séparément.)					
1° Résidence de............ Combien avez-vous de voitures et de chevaux restant habituellement attachés à cette résidence ?............	Rue St-Remi, n° 48.	Reims (Marne).	"	"	"
2° Résidence de............ Combien avez-vous de voitures et de chevaux restant habituellement attachés à cette résidence ?............	R. du Château n° 20.	S. Germ.-en-L. (Sein.-et-Oise)	"	"	"
3° Résidence de............ Combien avez-vous de voitures et de chevaux restant habituellement attachés à cette résidence ?	Rue Hoche, n° 4.	Versailles (Sein.-et-Oise)	"	"	"
Combien avez-vous de voitures et de chevaux qui ne restent point attachés à une seule résidence et vous suivent habituellement dans les résidences ci-dessous (*), savoir : 1° Les résidences de Juzancourt, de Reims ?............			1	1	4
2° Les résidences de Saint-Germain, de Versailles ? (**)............			1	"	2

(*) Ces résidences doivent déjà être comprises dans celles qui sont énumérées aux questions précédentes.

(**) Le deuxième alinéa est réservé pour le cas où un déclarant aurait plusieurs groupes de résidence, avec des éléments particuliers de cotisation dans chaque groupe.

Déclaration faite et certifiée par *Aubriet*, notaire à *Juzancourt*, fondé de pouvoir.

A *Juzancourt*, le 10 *janvier* 1863.

Signé AUBRIET.

Déposé à la Mairie de *Juzancourt*.

Le 10 *janvier* 1863.

Le Maire

COPIE

No 1er.

DE LA DÉCLARATION POUR L'ANNÉE 1863,

REMISE AU DÉCLARANT, A TITRE DE RÉCÉPISSÉ, PAR LE MAIRE DE LA COMMUNE DE *JUZANCOURT.*

(Le maire remettra au déclarant, outre le présent récépissé, les deux formules à droite; elles serviront plus tard, s'il y a lieu, pour faire la déclaration des modifications survenues dans les éléments de cotisation déjà déclarés, ainsi que celle des changements de résidence qui pourraient rendre le déclarant passible d'une taxe supérieure.)

En exécution de l'article 11 de la loi du 2 juillet 1862,
M. *Prilleux de Juzancourt (Jean-Baptiste), propriétaire,*
Déclare être imposable à la contribution établie sur les voitures attelées et sur les chevaux affectés au service personnel du propriétaire ou au service de sa famille, d'après les bases énoncées dans les réponses aux questions ci-dessous :

QUESTIONS.	RÉPONSES.				
	NOMS, lieux dits, ou rues et numéros des résidences.	COMMUNES et départements où sont situées les résidences.	NOMBRE		
			de voitures		de chevaux de selle ou d'attelage.
			à 4 roues.	à 2 roues.	
Quelle est la résidence où vous avez votre domicile réel, c'est-à-dire où vous êtes imposé ou imposable à la contribution personnelle?. Combien avez-vous de voitures et de chevaux restant habituellement attachés à cette résidence?.	*Le Château-d'En-Bas.*	*Juzancourt (Ardennes).*	"	1	1
Quelles sont vos autres résidences? (Les indiquer ci-après, chacune séparément.).					
1° Résidence de. Combien avez-vous de voitures et de chevaux restant habituellement attachés à cette résidence?.	*Rue St-Remi, n° 48.*	*Reims (Marne).*	"	"	"
2° Résidence de. Combien avez-vous de voitures et de chevaux restant habituellement attachés à cette résidence?.	*R. du Château n° 20.*	*S.-Germ.-en-L. (Sein.-et-Oise)*	"	"	"
3° Résidence de. Combien avez-vous de voitures et de chevaux restant habituellement attachés à cette résidence?.	*Rue Hoche, n° 4.*	*Versailles (Sein.-et-Oise)*	"	"	"
Combien avez-vous de voitures et de chevaux qui ne restent point attachés à une seule résidence et vous suivent habituellement dans les résidences ci-dessous (*), savoir : 1° Les résidences de *Juzancourt,* de *Reims* ?.			1	1	4
2° Les résidences de *Saint-Germain,* de *Versailles* ? (**).			1	"	2

(*) Ces résidences doivent déjà être comprises dans celles qui sont énumérées aux questions précédentes.

(**) Le deuxième alinéa est réservé pour le cas où un déclarant aurait plusieurs groupes de résidences, avec des éléments particuliers de cotisation dans chaque groupe.

Déclaration faite par *Aubriet, notaire à Juzancourt,* fondé de pouvoir.

Pour copie conforme :
Le Maire de Juzancourt.
Signé BARDIN.

Déposé à la Mairie de *Juzancourt,*

Le 10 *janvier* 1863.

RÉSUMÉ.

MATIÈRE IMPOSABLE.

Il résulte des articles de la loi du 2 juillet 1862, transcrits ci-contre :

Que la contribution est due pour toutes les voitures attelées et les chevaux affectés au service personnel du propriétaire ou de sa famille, sauf les exceptions ci-après :

Ne sont pas imposables :

1° Les voitures et les chevaux employés exclusivement ou en partie pour le service de l'agriculture ou d'une profession sujette à patente ;

2° Ceux qui sont possédés en conformité des règlements du service militaire ou administratif, et par les ministres des différents cultes (*si les fonctionnaires en faveur desquels est établie l'exception employaient plus de voitures et de chevaux que ne leur en concèdent les règlements, ils seraient imposables pour le surplus*) ;

3° Les juments et étalons exclusivement consacrés à la reproduction (*ces animaux donneraient lieu à l'application de l'impôt si le propriétaire s'en servait même temporairement comme les chevaux de selle ou d'attelage pour son service personnel ; toutefois, ils conserveraient le droit à l'exemption, s'ils étaient aussi employés en partie au service de l'agriculture ou d'une profession sujette à patente*).

Toutes les voitures d'un même propriétaire ne sont pas toujours passibles de la taxe ; il n'y a d'imposables que celles qu'il peut atteler simultanément avec les chevaux qu'il possède ou dont il dispose. Les voitures attelées affectées au service personnel du propriétaire ou de sa famille sont imposables ; alors même qu'il les attellerait avec des chevaux non imposables, tels que ceux qui seraient employés exclusivement ou en partie au service de l'agriculture ou d'une profession sujette à patente, les chevaux de louage, etc. ; mais, dans ce cas, on imposerait les voitures seules et non l'attelage.

Les faits accidentels ne doivent pas être pris en considération ni pour l'assiette ni pour l'exemption de l'impôt ; ainsi, celui qui emploierait une fois par hasard, à la charrue, à la herse ou à un transport agricole, un cheval ordinairement affecté à son service personnel ne serait pas fondé à demander que ce cheval fût exempt de la taxe pour la cause dont il s'agit ; il faudrait, pour motiver l'exemption, que le fait eût une certaine permanence ou fréquence de répétition qui le rendît notoire et lui donnât le caractère de *fait habituel.*

DÉCLARATIONS.

Les déclarations doivent comprendre toutes les voitures et tous les chevaux imposables possédés par les déclarants dans quelque commune que ce soit.

Elles sont valables pour toute la durée des faits qui y ont donné lieu.

Elles doivent être modifiées dans les cas de changement de résidence hors de la commune ou du ressort de la perception, et dans les cas de modifications survenues dans les bases de cotisation.

Les déclarations peuvent être faites, au choix des déclarants, dans l'une ou l'autre des communes où ils ont une résidence.

Elles doivent être faites, pour les éléments de cotisation existant au commencement de l'année, avant le 16 du mois de janvier.

Elles peuvent être faites, pour les changements survenus dans l'année dans le nombre des chevaux et voitures, jusqu'au 15 janvier de l'année suivante.

Elles doivent être faites, pour les changements de résidence qui donnent lieu à un accroissement de taxe, conformément à l'article 9 de la loi, dans le courant de la quinzaine où le changement s'est effectué.

Les déclarations qui ne sont pas faites dans les délais prescrits et celles qui sont inexactes ou incomplètes donnent lieu au doublement des taxes.

SECONDE PARTIE DU MODÈLE N° 1.

CONTENANT, AVEC DES EXEMPLES FICTIFS, LA FORMULE D'UNE DÉCLARATION SUPPLÉMENTAIRE.

EXPLICATION DES EXEMPLES FICTIFS.

On suppose : 1° que M. Prilleux de Juzancourt, auteur de la déclaration qui précède (pages 35 à 38), a transféré, le 10 mars 1863, sa résidence de Versailles à Paris, où la voiture et les chevaux qui fréquentaient les résidences de Versailles et de Saint-Germain le suivent également ; 2° qu'il a cessé, à la même date, d'avoir une résidence à Reims, et qu'il a vendu la voiture à quatre roues, la voiture à deux roues et les quatre chevaux qui le suivaient habituellement dans ses résidences de Juzancourt et de Reims.

Ces changements doivent être déclarés comme il est indiqué d'autre part. On a supposé la déclaration supplémentaire faite à Paris ; elle aurait pu tout aussi bien être faite à Juzancourt, lieu de la déclaration primitive, ou dans l'une des autres communes où le déclarant a une résidence.

Cette déclaration donnera lieu, pour 1863, à un supplément de taxe de 33 fr. 33 c. imposables à Juzancourt. Elle n'amènera une diminution de cotisation pour les voitures et les chevaux vendus qu'à partir de 1864.

CALCUL DU SUPPLÉMENT DE TAXE.

Imposition primitive de la voiture à quatre roues et des deux chevaux qui fréquentaient les résidences de Versailles et de Saint-Germain...................... 70ᶠ

Imposition d'après le tarif de Paris.. 110

Différence en plus.. 40ᶠ

Dont les dix douzièmes sont de 33 fr. 33 cent.

N° 468.   **DÉCLARATION SUPPLÉMENTAIRE.**   **ANNÉE 1863.**

(Il n'y aura qu'une seule série de numéros pour les déclarations primitives et supplémentaires. Elles seront indistinctement numérotées et classées dans l'ordre de leur réception.)

En exécution de l'article 11 de la loi du 2 juillet 1862,

M. *Prilleux de Juxancourt (Jean-Baptiste)*, *propriétaire*, ayant son domicile réel au *château d'En-Bas*, commune de *Juxancourt*, département des *Ardennes*,

Déclare que les modifications ci-dessous énoncées doivent être opérées dans les éléments servant de base à sa cotisation dans la contribution sur les voitures et les chevaux :

DATES des modifications et des changements de résidence.	INDICATION DÉTAILLÉE DES MODIFICATIONS ET CHANGEMENTS DE RÉSIDENCE AUXQUELLES ILS SE RAPPORTENT, nouvelles résidences prises, nombre de voitures et de chevaux, etc.
10 mars 1863....	Déclare : 1° Qu'il a transféré sa résidence de Versailles à Paris, rue de Londres, n° 17, et que la voiture à 4 roues et les 2 chevaux qui le suivaient à Versailles et à St-Germain le suivront maintenant à Paris et à St-Germain ; 2° Qu'il a cessé, à dater du 10 mars 1863, d'avoir une résidence à Reims (Marne) ; 3° Qu'il a vendu, à la même date, la voiture à 4 roues, la voiture à 2 roues et les 4 chevaux qui le suivaient habituellement dans ses résidences de Juxancourt (*Ardennes*) et de Reims (*Marne*).

Déclaration faite et certifiée par le ci-dessus dénommé

A Paris, le *10 mars 1863*.

Signé *Prilleux de Juxancourt*.

Déposé à la mairie du 9ᵉ arrondissement de *Paris*.

Le *10 mars 1863*.

Le Maire,

MODÈLE N° 2.

CONTRIBUTION

SUR

LES VOITURES ET LES CHEVAUX.

(Loi du 2 juillet 1862.)

DÉPARTEMENT

d

COMMUNE

d

NOTA. Les noms à indiquer ci-dessus sont ceux du département et de la commune auxquels le présent extrait est destiné.

(1) Extrait, pour le département et la commune désignés ci-dessus, de la déclaration faite à   , le
sous le n°

M.

a déclaré :

1° Qu'il a son domicile réel à

département d

2° Qu'il a une résidence dans la commune d

département d

et

voitures à 4 roues...........................

voitures à 2 roues...........................

chevaux de selle ou d'attelage.............

(2) attachés en permanence à cette résidence,
ou
le suivant habituellement dans cette résidence et dans celle d

Il résulte des circonstances énoncées dans la déclaration que ces voitures et ces chevaux sont imposables dans la commune d

(3) CERTIFIÉ par le Directeur des contributions directes du département
d   , ou par
le Contrôleur de la division d
A   , le

(1) Il sera fait un extrait pour chacune des communes mentionnées dans la déclaration, excepté pour la commune où la déclaration a été reçue.

(2) L'agent qui délivrera l'extrait effacera la formule qui ne sera point applicable.

OBSERVATIONS, EXPLICATIONS ET RENSEIGNEMENTS.

(Si l'agent qui délivre l'extrait a des observations à faire ou des renseignements à donner, il les consignera dans l'espace en blanc réservé ci-dessous et à la page suivante. Si l'agent qui reçoit l'extrait a lui-même des renseignements à fournir ou à demander, il conservera l'extrait qui lui aura été transmis, mais il en fera une copie sur laquelle il consignera ses observations ou les demandes qu'il aura à faire ; la copie sera ensuite envoyée par l'intermédiaire du directeur au lieu d'origine de la déclaration. Les renseignements demandés devront être fournis dans le plus bref délai possible, et l'agent qui les fournira devra, au besoin, les faire attester par le maire et les répartiteurs.)

Section quatrième.

FORMULES.

I. Déclarations.

Voy. *suprà*, p. 78 et suiv., l'instruction de M. le ministre des finances, du 30 octobre 1862, où sont indiquées les formules des *déclarations principales* et *supplémentaires*, dont des modèles imprimés sont remis à chaque mairie.

II. Demande en décharge ou réduction.

A MM. les Président et membres du Conseil de Préfecture de.....

Messieurs,

Le soussigné..... (*nom, prénoms, profession*), demeurant à....., a l'honneur de vous exposer qu'il a été imposé au rôle de la contribution des chevaux et voitures de la commune de....., sous l'article....., pour la présente année....., à la somme de....., en qualité de propriétaire de..... (*énonciation des voitures et chevaux à raison desquels la contribution a été assise*); que le montant de cette cote ne saurait être mis à sa charge, (*ou bien est évidemment exagéré*), puisque..... (*indication des motifs qui doivent faire prononcer la décharge ou la réduction*) :

Par ces motifs, l'exposant demande qu'il vous plaise,

Messieurs, le décharger (*ou prononcer la réduction au chiffre de.....*) de la contribution dont il s'agit.

Dans le cas où M. le Directeur des contributions directes ne serait pas d'avis qu'il fût fait droit à sa demande, l'exposant conclut, dès à présent, à ce qu'il soit procédé à l'expertise autorisée par la loi[1].

A la présente demande sont joints :

1° L'avertissement (ou l'extrait du rôle) délivré par le percepteur ;

2° Les quittances des douzièmes échus jusqu'à ce jour ;

3° Les pièces justificatives de la demande, consistant en : 1° ..... ; 2° ....., etc. (*les énoncer*).

A....., le..... 18.....

(Signature)

Observations.

1° Tout contribuable inscrit au rôle de l'impôt des voitures et chevaux a qualité pour réclamer contre la cote d'impôt qui lui a été assignée. Mais les tiers, non inscrits au rôle, ne peuvent former aucune réclamation ni aucun recours, au nom du véritable contribuable, s'ils ne justifient pas d'une procuration spéciale et de pouvoirs suffisants.

Si la demande est formée par un mandataire, la formule ci-dessus est modifiée ainsi qu'il suit :

Le soussigné..... (*nom, prénoms, profession et domicile du mandataire*), agissant au nom et comme mandataire du sieur.....

---

[1] Il est utile d'insérer cette mention pour éviter, qu'à défaut d'observations nouvelles dans le délai du dépôt de l'avis de M. le Directeur, la déchéance ne soit encourue. V. *infra*, p. 88.

(*nom, prénoms, profession et domicile du contribuable*), comme
le constate une procuration délivrée en brevet, le...., par
M*....., notaire à...... et annexée à la présente demande.

Si la procuration est sous seing privé, on met :

Comme le constate une procuration sous seing privé, légalisée
et enregistrée, qui est annexée à la présente demande.

A l'honneur de vous exposer que le sieur....., etc. (*comme à
la formule*).

2° Le délai pour former les réclamations, est de trois
mois, à partir de la *publication* du rôle, soit principal, soit
supplémentaire, et non à dater de la remise des bulletins.
Après ce délai, il y a déchéance absolue. Quand le contribuable est domicilié dans une commune autre que celle
sur le rôle de laquelle il est inscrit, il n'encourt pas la
déchéance, jusqu'à ce qu'il ait une connaissance officielle
de la cote de l'impôt.

3° Quand le montant de la cote portée sur l'avertissement,
est au-dessous de 50 fr., la demande peut être faite sur
papier libre. Au-dessus de cette somme, on doit employer
le papier timbré de 50 centimes. L'omission de la formalité
du timbre entraîne le rejet et peut faire encourir la déchéance.

4° A cause du délai après lequel la déchéance est encourue, il est essentiel que la réclamation présentée dans
les derniers jours des trois mois soit exactement déposée à
la Préfecture. Si le dépôt dans le délai est prouvé, l'enregistrement postérieur ne crée pas une fin de non recevoir.
Mais c'est au contribuable à prouver que l'enregistrement
tardif a été le résultat d'une erreur ou d'une négligence.
Voilà pourquoi j'ai conseillé, dans mon *Code d'instruction
administrative*, de toujours demander immédiatement un
reçu, surtout quand le délai est près d'expirer. La récla-

mation adressée à la Préfecture est enregistrée sur un registre spécial.

Il est très important, je le répète, de ne pas donner à la réclamation une fausse direction, car il y aurait déchéance si elle ne parvenait à la Préfecture qu'après l'expiration du délai de trois mois.

III. Requête spéciale concluant a l'expertise[1].

A MM. les Président et membres du Conseil de préfecture,

Messieurs,

Le sieur..... (*nom, prénoms, profession*), demeurant à.....

A l'honneur de vous exposer qu'après avoir pris connaissance du dossier relatif à la réclamation qu'il vous a adressée au sujet de.....

Il persiste dans sa demande qu'il croit fondée, car..... (*motifs s'il y a lieu*).

Il conclut, en conséquence, à ce qu'il soit procédé à une expertise, et il choisit à cet effet, pour son expert M.....

A....., le.....

(*Signature*).

[1] L'avis du Directeur des contributions directes, doit être, à peine de nullité, communiqué au contribuable qui a *dix jours francs* pour y répondre (*Code d'instruction administrative*, t. 9, p. 143, paragraphe *formalités relatives à l'instruction et au jugement des réclamations en matière de contributions directes*, n°° 900 et suivants).

OBSERVATIONS.

Cette demande est communiquée avec l'entier dossier au Directeur des contributions directes, qui répond par les propositions suivantes :

Le Directeur des contributions directes, soussigné, a l'honneur de proposer à M. le Préfet, pour l'expertise provoquée, sur la réclamation..... (*nom du réclamant*), dont le dossier est ci-joint, le sieur..... (*nom, prénoms, profession, domicile de l'expert*).

A..... le.....

(*Signature*).

IV. AUDIENCE.

Lorsque la procédure est complète, conformément au décret du 30 décembre 1862 et aux règlements sur l'instruction devant les Conseils de préfecture, le demandeur est prévenu par le secrétaire-greffier que son affaire sera jugée tel jour.

L'audience est publique. Le demandeur présente des observations orales, lui-même, ou par un mandataire. Aucune conclusion spéciale n'est prise à cette audience. Les conclusions sont celles de la demande. Je n'ai donc pas de formule à indiquer.

V. RECOURS OU POURVOI DEVANT LE CONSEIL D'ÉTAT.

CONSEIL D'ÉTAT. — SECTION DU CONTENTIEUX.

Le soussigné..... (*nom, prénoms, profession*), demeurant à..... (*si c'est un mandataire*), le soussigné..... (*nom du man-

dataire), agissant au nom et comme mandataire du sieur.....
(*nom du contribuable*), ainsi qu'il résulte d'une procuration, etc. (V. *suprà*, p. 86, *observation* de la formule, n° II).

A l'honneur de déférer à votre justice un arrêté rendu par
le Conseil de préfecture de....., le....., et d'en demander
l'annulation.

L'exposant (ou le sieur..., *si c'est un mandataire qui agit*)a
été imposé au rôle de la contribution des voitures et chevaux,
dans la commune de....., pour l'année....., à la somme de.....
Il a réclamé dans le délai fixé par la loi devant le Conseil
de préfecture de....., à l'effet d'obtenir la décharge (ou la réduction) de la somme de....., mais sa demande a été rejetée
par l'arrêté sus énoncé, dont les motifs sont ainsi conçus
(*les reproduire*).

L'exposant fonde sa demande en annulation de cet arrêté,
sur les considérations suivantes :

(*Les déduire sommairement, mais avec précision*).

Par ces motifs, il conclut à ce qu'il plaise au Conseil
d'État prononcer l'annulation de l'arrêté attaqué, et faisant
ce que le Conseil de préfecture aurait dû faire, décharger
l'exposant (*ou ordonner la réduction à la somme de.....*)
de la contribution à laquelle il a été imposé.

PRODUCTION.

1° Une expédition de l'arrêté du Conseil de préfecture ;
2° L'extrait du rôle ;
3° Les quittances des termes échus ;
4° Les pièces justificatives, consistant en : 1° .....;
2° ..... (*les énoncer*).

A....., le..... 18.....

(Signature).

OBSERVATIONS.

1° Le recours ou pourvoi devant le Conseil d'Etat, peut être fait sur papier libre, si le montant de la cote ne dépasse pas trente francs, comme pour l'introduction de la demande devant le conseil de préfecture.

2° Le délai pour le pourvoi est de trois mois, à dater de la notification de la décision attaquée. L'expiration du délai emporte déchéance.

3° Le pourvoi est régulièrement introduit lorsqu'il est transmis par l'intermédiaire du Préfet. Ce pourvoi peut aussi être déposé, par un avocat au Conseil d'Etat, au Secrétariat de la section du contentieux, mais alors dans la forme ordinaire.

Le dépôt à la Préfecture doit avoir lieu avant l'expiration du délai. Si la partie emploie le ministère d'un avocat au Conseil d'Etat, le dépôt doit être fait également dans les trois mois après la notification de l'arrêté, au secrétariat du Conseil.

Le mode habituel est le dépôt du pourvoi à la Préfecture, où il est utile de réclamer la délivrance d'un récépissé.

Tout pourvoi envoyé directement par la partie elle-même au Conseil d'État serait rejeté comme irrégulier.

4° Lorsque le pourvoi a été déposé à la préfecture, les pièces du pourvoi sont immédiatement communiquées à M. le Directeur des contributions directes en ces termes :

Soit communiqué à M. le Directeur des contributions directes, pour l'exécution des instructions contenues dans la circulaire du Directeur général des contributions directes, du 23 février 1854.

A....., le..... 18.....

Le Préfet,

(Signature).

5° Après avoir régularisé le dossier, le Directeur le renvoie au Préfet avec cette mention :

Le Directeur des contributions directes, soussigné, a l'honneur de renvoyer à M. le Préfet le dossier sus énoncé, après l'avoir complété.

                                        (*Signature*).

6° Le dossier, au sujet duquel le Préfet ne remplit qu'un rôle d'intermédiaire, et dont il ne peut apprécier la régularité, est ensuite adressé au Président de la section du contentieux du Conseil d'Etat.

A....., le....., 18.....,

Monsieur le Président,

J'ai l'honneur de vous transmettre ci-joint, avec les pièces à l'appui, un pourvoi formé par le sieur..... (*nom, prénoms, profession, domicile*), contre un arrêté du Conseil de préfecture de......, en date du......, qui a rejeté la demande en décharge (ou en réduction) de......, à laquelle il a été imposé pour 18....., au rôle de.....

                                        (*Signature du Préfet*).

***

VI. Dernières réflexions.

1° *L'impôt est annuel.* — Quelles que soient les décisions du Conseil d'Etat, elles n'ont aucune influence sur les déclarations à faire pour l'année suivante et sur les nouvelles demandes (fussent-elles identiques), en décharge ou réduction.

Ainsi, il arrivera souvent que le Conseil d'Etat n'ait pas encore statué, avant le 15 janvier de l'année suivante. Avant cette date, les déclarations devront donc être faites, comme s'il n'y avait aucun précédent concernant le contribuable.

2º *Le rôle est permanent.* — D'où la conséquence, que si, volontairement, par suite d'une déclaration spontanée, ou si forcément, par décisions des tribunaux administratifs, le contribuable a été inscrit au rôle, il n'a besoin, l'année suivante, de faire aucune déclaration nouvelle; à moins qu'il ne soit intervenu un changement dans la propriété de ses voitures ou chevaux, ou dans le lieu auquel ils sont attachés.

FIN.

TABLE SOMMAIRE [1].

[1] Le mode de rédaction que j'ai suivi me dispense de donner une table alphabétique. J'ai placé toutes les questions, p. 14 et suivantes, dans un ordre alphabétique, et j'ai indiqué dans le même ordre tous les mots qui pouvaient se rapporter à une de ces questions.

TOULOUSE. — Typographie de BONNAL et GIBRAC, rue Saint-Rome, 44.

JOURNAL
DU DROIT ADMINISTRA
OU LE DROIT ADMINISTRATIF
Mis à la portée de tout le monde

PAR CHAUVEAU ADOLPHE.
Le rédacteur répond avec exactitude aux doutes soumis par les
sur des questions administratives.

Abonnement à 1863. Prix : 10 fr.

« M. Chauveau Adolphe, dont l'autorité, en matière de procédure civile
presque sans rivale, et qui a largement contribué au progrès du droit crimi
par sa collaboration avec M. Faustin Hélie au grand ouvrage de la *Théorie
code pénal*, consacre depuis plusieurs années sa longue expérience et ses infatig
recherches au perfectionnement et à la vulgarisation de la science du droit ad
tratif. Non content d'avoir publié ses *Principes de compétence et de juri
administratives*, essai de méthode et de classification nouvelles à l'aide du
le plus complet et le plus exact des décisions du conseil d'Etat, son *Code
truction administrative*, dont la deuxième édition paraît en ce mo   n
voulu en outre mettre au service du droit administratif un recueil
où seraient réunis, au fur et à mesure de leur émission, tous
législatifs, réglementaires, doctrinaux et jurisprudentiels, qui con
branche de droit.

» C'est dans ce but qu'il a fondé, en 1853, le journal que nous annonçons, pu
chaque mois par cahier de 18 pages in-octavo, et où l'auteur s'efforce, par
clarté de son exposition, de rendre intelligibles pour tout le monde les notion
les plus essentielles du droit administratif. Chaque cahier comprend, autant que
permet la fréquente périodicité du recueil, cinq divisions distinctes : 1° d
études élémentaires de compétence administrative ; 2° une revue des décis
rendues par le conseil d'Etat et les conseils de préfectures ; 3° les réponses
questions proposées par les abonnés ; 4° les lois, décrets, circulaires, instru
et décisions ministérielles ; 5° une revue administrative et l'examen de qu
diverses. Cette classification est excellente, et se prête aisément à tous les
loppements que peut exiger l'abondance des matières.

» M. Chauveau, qui a très bien conçu le cadre de son journal, n'a pas été m
heureux dans l'exécution du plan qu'il s'était tracé. Ses informations, pour la
tie réglementaire et statistique, sont nombreuses et exactes. Il tient constam
jour la jurisprudence. Dans la partie doctrinale il s'est assuré le concours
sieurs jurisconsultes laborieux et instruits, dont les articles réunis aux siens
un ensemble très varié et très intéressant.

» En résumé, le *Journal du Droit administratif*, nécessaire aux ad
teurs, aux magistrats et aux avocats, utile à tous les citoyens, comble à
que regrettaient et qu'avaient depuis longtemps signalée les hommes spé
le mérite de la méthode et de la rédaction il est digne d'obtenir partout l
plus empressé et le plus favorable. Par la circonstance qu'il est publié en
il a un autre titre particulier aux encouragements de tous ceux qui appe
leurs vœux la décentralisation littéraire.

L. Cabantous, doyen

(Extrait du Mémorial d'Aix).   Professeur de Droit administratif à la faculté

On s'abonne à Paris, *au bureau de la Revue du Notaria
l'enregistrement*, rue Marsollier, 11, et à Toulouse,
nistration, chez M. Armaing, *libraire*, rue Saint-Ro

Toulouse. — Typ. de Bo

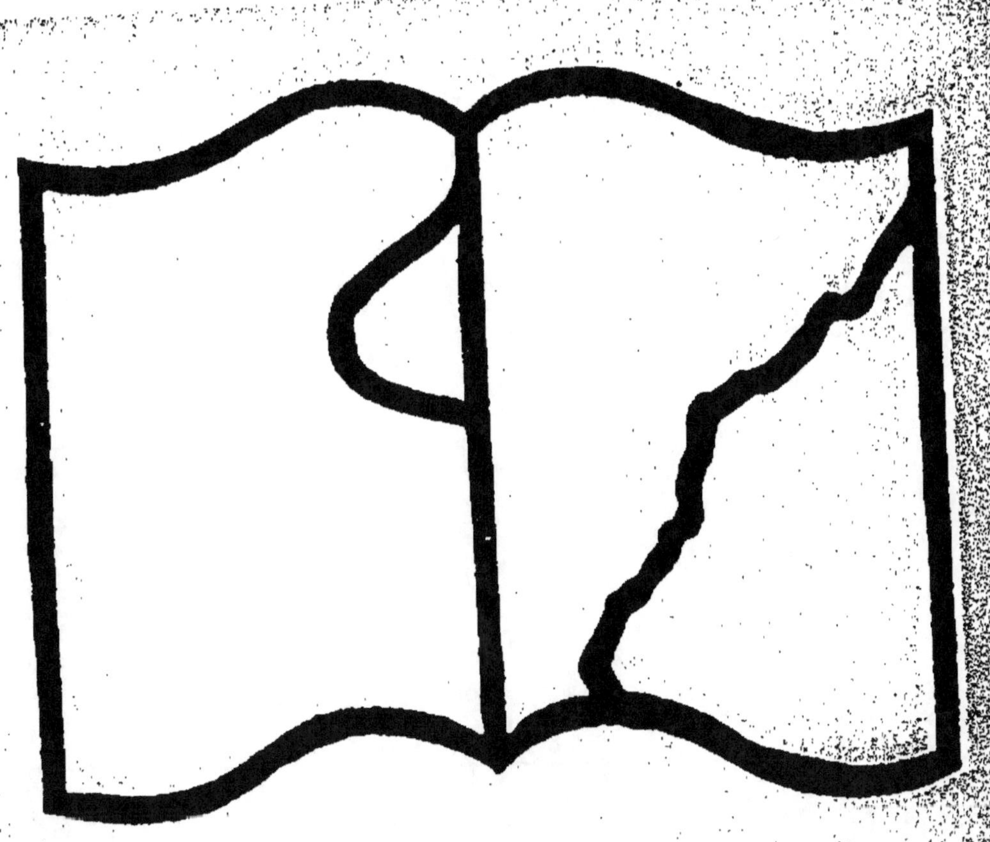

Texte détérioré — reliure défectueuse

NF Z 43-120-11